Richard Zahlten   Dr. Johanna Geissmar

Richard Zahlten

Dr. med. Johanna Geissmar

Von Mannheim nach Heidelberg und über den Schwarzwald durch Gurs nach Auschwitz-Birkenau 1877-1942

Einer jüdischen Ärztin 60 Jahre danach zum Gedenken

Vorwort von Margot Wicki-Schwarzschild

Herausgegeben von Erhard Roy Wiehn
Hartung-Gorre Verlag Konstanz

Titelbild: Johanna Geissmar; Rückseite: Deportationsmahnmal von Moshe Safdie in Yad Vahem Jerusalem (Foto Wiehn); Druck: BoD GmbH, Norderstedt

Bibliografische Information Der Deutschen Bibliothek
Die Deutsche Nationalbibliothek verzeichnet diese Publikation in der Deutschen Nationalbibliografie; detaillierte bibliografische Daten sind im Internet über http://dnb.d-nb.de abrufbar.

Zweite Auflage 2001, dritte Auflage 2020
Hartung-Gorre Verlag, Konstanz, Germany

ISBN 3-89649-661-1 und 978-3-89649-661-4

Inhalt

Dr. med. Johanna Geissmar
sowie allen ermordeten
jüdischen Ärztinnen, Ärzten und Krankenschwestern
zum Gedenken

Der Chef der Sicherheitspolizei und des SD

IV D 4 [illegible] /40

Bitte in der Antwort vorstehendes Geschäftszeichen u. Datum anzugeben

Berlin SW 11, den 29. Oktober 1940.
Prinz-Albrecht-Straße 8
Fernsprecher: 12 00 40

[illegible]

An das
Auswärtige Amt,
z.Hdn. SA-Standartenführer Gesandter L u t h e r ,
B e r l i n .

Der Führer ordnete die Abschiebung der Juden aus Baden über das Elsaß und der Juden aus der Pfalz über Lothringen an. Nach Durchführung der Aktion kann ich Ihnen mitteilen, daß aus Baden am 22. und 23.10.1940 mit 7 Transportzügen und aus der Pfalz am 22.10.1940 mit 2 Transportzügen

6.504 Juden

im Einvernehmen mit den örtlichen Dienststellen der Wehrmacht, ohne vorherige Kenntnisgabe an die französischen Behörden, in den unbesetzten Teil Frankreichs über Chalon-sur-Saône gefahren wurden.

Die Abschiebung der Juden ist in allen Orten Badens und der Pfalz reibungslos und ohne Zwischenfälle abgewickelt worden.

Der Vorgang der Aktion selbst wurde von der Bevölkerung kaum wahrgenommen.

Die Erfassung der jüdischen Vermögenswerte sowie ihre treuhänderische Verwaltung und Verwertung erfolgt durch die zuständigen Regierungspräsidenten.

In Mischehe lebende Juden wurden von den Transporten ausgenommen.

Schreiben des Chefs der Sicherheitspolizei und des SD, Reinhard Heydrich, vom 29.10.1940; vgl. Archivdirektion Stuttgart (Hg.), Dokumente über die Verfolgung der jüdischen Bürger in Baden-Württemberg durch das Nationalsozialistische Regime 1933-1945. Band 2, Stuttgart 1966, S. 2.

Richard Zahlten

Wider das Vergessen

Am 22. Oktober 2000 jährte sich zum 60. Male der Tag der Deportation der badischen, pfälzischen und saarländischen Juden in das Konzentrationslager Gurs/Südfrankreich. Damals begann ein jahrelanger Leidensweg unvorstellbaren Ausmaßes für Tausende jüdischer Menschen, der für allzuviele in Auschwitz endete.

In dem damaligen Kreis Neustadt/Schwarzwald lebte nur eine Jüdin, die unter die Bestimmungen zur Deportation fiel: Frau Dr. Johanna Geissmar aus Saig, Haus Nr. 44. Bauern, die in der Frühe jenes Oktobertages 1940 auf dem Felde arbeiteten, sahen einen schwarzen Wagen den Feldweg vom Berg herunterfahren, beobachteten, daß er kurz vor dem Rathaus hielt und dann die Straße aus dem Ort heraus nahm. Bis sich der Abtransport der jüdischen Mitbürgerin im Dorf herumgesprochen hatte, war diese schon auf einer Sammelstelle in Freiburg (Breisgau) eingeliefert worden.

Wochen später überbrachte eine Bekannte von Frau Dr. Geissmar die Nachricht, die Deportierte sei in einem Lager in Südfrankreich. Dann legte sich Schweigen über das Geschehene. Es war Krieg, und eigene Sorgen um Väter und Söhne an der Front, um die Bewirtschaftung des Hofes und die Besorgung des alltäglichen Lebens bedrängten die Menschen.

60 Jahre danach ist die Erinnerung an Frau Dr. Geissmar immer noch lebendig bei manchen Menschen in Saig. Vom *Judenhäusle* sprechen Ältere und von der Versteigerung der zurückgebliebenen Möbel und der vielen Bücher. Und leise berichten Menschen, die damals Kinder waren, wie die verfolgte Ärztin ihnen bei Krankheit in der Nacht geholfen habe, wenn kein anderer Arzt zu erreichen war.

Bei der Gedenkfeier der Gemeinde Lenzkirch, zu der Saig heute als Ortsteil gehört, traten im Feiersaal der Gemeinde am 23. Oktober 2000 zehn Bürger auf und verlasen Texte, in denen sie das Leben der jüdischen Kinderärztin in ihrem Ort schilderten. Ortsvorsteher Walter Sigwarth sagte in seiner Gedächtnisansprache unter anderem:

"Geschichte und Vergangenheit werden nicht dadurch zu Wegweisern in die Zukunft, daß man angenehme Zeitabschnitte herauspickt oder an Großereignisse wie Kriegsbeginn, Kriegsende oder an Vertragsabschlüsse erinnert, sondern Geschichte wirkt in hohem Maße durch die Erinnerung an Einzelschicksale wei-

ter, in denen die Werte wahrer Menschlichkeit aufscheinen. - Stellen wir uns vor, Frau Dr. Johanna Geissmar könnte heute mit ihrem Bruder Friedrich unter uns weilen, und wir würden Sie bitten, ein paar Worte zu uns zu sprechen! Ich glaube nicht, daß sie auflisten würde, wer sie verspottet, beleidigt und tief gekränkt hat. Ich glaube, sie würde nicht einmal diejenigen nennen, die ihr unter großen Gefahren und Risiken das Leben in Saig einigermaßen erträglich gemacht haben. Ich glaube, Frau Dr. Geissmar würde ans Pult kommen und auf ihrem Gesicht würden weder Haß noch Verbitterung liegen. Ich denke, sie würde hell und klar nur einen Satz sagen:

Gut, daß Ihr uns nicht vergessen habt!"

Am Montag, dem 12. März 2001, beschloß der Ortschaftsrat Saig, ein Erinnerungsmal für Frau Dr. Geissmar und ihren Bruder Dr. Friedrich Geissmar aufzurichten. In der Nähe ihres ehemaligen Wohnhauses wird ein großer Findling aufgestellt, der eine Erinnerungstafel tragen soll. Unser Mahnmal sei dieses Gedenkbuch.

im April 2001

Margot Wicki-Schwarzschild

Und das Unheil nahm seinen Lauf

Ein ergreifender Bericht liegt vor uns, eine erschütternde Odyssee, das Leben dieser großherzigen, liebenswerten und mütterlichen Frau, Dr. med. Johanna Geissmar, Kinderärztin, Menschenfreundin, altruistisch bis in den Tod. Ohne zu zögern, ging sie mit ihren Schutzbefohlenen den letzten Weg, von dem niemand zurückkam. - Bin ich ihr in Gurs begegnet? Sie war damals 60 Jahre - ich neun. Wer weiß?

Die hochangesehene, ehrbare Familie, aus der sie stammt, war seit Jahrhunderten eine deutsche Familie - sie war deutsch und jüdisch. Das war damals noch nicht anstößig. Schon 1862 wurden die Juden dank des badischen Reformgesetzes den anderen Bürgern gleichgestellt, nachdem sie vorher Schutz- und Freigeld hatten zahlten müssen. Die Geissmars gehörten zur "tragenden Schicht", engagierten sich in der Wohlfahrtspflege und im Kulturleben. Die recht weitverzweigte Familie war erfolgreich und anerkannt: als Ärzte, Anwälte, Viehhändler, Kaufleute oder Künstler.

Johanna wurde von den älteren Brüdern in das rege gesellschaftliche und kulturelle Leben eingebunden. Ihr Wunsch, selbst Medizin zu studieren, konnte sie sich allerdings erst mit 32 Jahren erfüllen, neun Jahre nach dem Tod ihres Vaters. Bei Kriegsausbruch 1914 war es für die frisch approbierte Ärztin selbstverständlich, freiwillig Sanitätsdienst zu leisten. Die Verbundenheit mit Deutschland war damals für jüdische Menschen nichts Außergewöhnliches. Noch 1930 schien in Heidelberg, wo Johanna Geissmar drei Jahre zuvor eine Praxis als Kinderärztin eröffnet hatte, für die Juden die Welt noch in Ordnung zu sein. Doch das sollte sich bald ändern, denn vielerorts in Deutschland begann das schleichende Gift des Judenhasses sich wie eine Seuche auszubreiten. Obwohl sie als Kinderärztin sehr beliebt und kompetent war, machten sich die Patienten unter dem Einfluß der NS-Propaganda rar und viele getrauten sich nicht mehr, ihre Praxis zu betreten. Ihr sozialer und gesellschaftlicher Absturz hatte begonnen.

Und das Unheil nahm seinen Lauf. Entzug der Approbation, Ausschluß aus den Krankenkassen, Schmierereien "Vorsicht: jüdische Ärztin" an ihrer Türe, all das geschah ab 1933 ganz offiziell. Bis ins hinterste idyllische Dorf im Schwarzwald, in das sich Dr. Johanna Geissmar zurückgezogen hatte, drang langsam die Hetzpropaganda. Ein Dorf wurde verführt. Einfache, unbescholtene Leute wurden indoktriniert, zu Abhängigen und Mitläufern gemacht, weil man ihnen Arbeit und Brot versprach. Wer konnte da schon widerstehen? Hitler wurde zum Hoffnungsträger. Sogar Gott und die Kirche wurden für seine Zwecke bemüht. Jeglicher Widerstand gegen sein Regime wurde im Keim erstickt und kostete vielen das Leben.

Ich erinnere mich selbst, als Neunjährige, welch unglaublichen Schikanen wir in der Pfalz ausgesetzt waren: Unsere Eltern durften nicht mehr ins Kino oder Theater, wir durften nur noch in bestimmten Geschäften einkaufen, wir mußten aus unserer Wohnung heraus und in ein "Judenhaus" ziehen, Vater wurde als Straßenarbeiter eingesetzt. Wir wurden aus der Schule geworfen und mußten unter skandierenden Schmähenrufen "Juden raus" das Schulgebäude verlassen. Bekannte und Nachbarn wechselten die Straßenseite, um uns nicht mehr grüßen zu müssen, so stark waren sie verhetzt. Die Demütigungen nahmen kein Ende.

Und dann kam der ominöse 22. Oktober 1940, der Tag unserer Deportation und Entrechtung - am gleichen Tag wurde Dr. Johanna Geissmar aus ihrem idyllischen Dorf im Schwarzwald abgeholt. Die endlose Fahrt nach Gurs. Die Verzweiflung der vielen Menschen, die alle aus ihrem bisherigen Leben herausgerissen und wie eine Herde Vieh verschleppt wurden. Wir Kinder konnten es nicht fassen, die Eltern konnten es nicht erklären. Sie versuchten, uns zu trösten und waren doch selbst so verzweifelt.

Das Elend in Gurs war unvorstellbar: Kälte, Schlamm, Hunger, Ungeziefer, Krankheit und Tod waren unsere täglichen Begleiter. Unsere Mutter, damals erst 31 Jahre alt, erkrankte schwer an Rheuma, das sie sich auf dem kalten Barackenboden zugezogen hatte und kam in die "Infirmerie". Ob sie wohl von der gütigen Ärztin Dr. Geissmar betreut wurde? Ich wünschte es mir im Nachhinein, daß sie etwas von der Geborgenheit erfahren durfte, wenn ich lese, was Hanna Schramm über diese tapfere Frau geschrieben hat: "Es war ein gutes Krankenhaus, obwohl man in einer Baracke lag, aus dünnen Brettern zusammengezimmert. Johanna Geissmar und ihre drei Helferinnen schalteten und walteten da unbefangen, hingebend und in heiterer Harmonie, als ob es kein Gurs gäbe." (Hanna Schramm) Und als die Transporte in den Osten begannen, wo man Menschen wie Ungeziefer vernichtete, entschied sie sich, mit ihren Patienten diesen Weg zu gehen. Das vorliegende Buch ist eine Hommage an eine große Frau und zugleich ein weiteres Werk gegen das Vergessen. Neonazismus, Hakenkreuze und "ethnische Säuberungen" weltweit müssen ernst genommen - ein weiteres Auschwitz muß verhindert werden.

Basel, im April 2001

Erhard Roy Wiehn

Heldentum in Gurs

Am 1. September 1939 hatte der Zweite Weltkrieg mit dem Überfall der Deutschen Wehrmacht auf Polen begonnen; am 3. September 1939 erklärte Frankreich dem Deutschen Reich den Krieg und mußte am 22. Juni 1940 bei Compiègne (Departement Oise) ein Waffenstillstandsabkommen unterzeichnen. Artikel 19 dieses Abkommens verpflichtete die französische Regierung in Vichy (Auvergne) unter dem damaligen Ministerpräsidenten und baldigen *"Chef de l'Etat français",* Marschall Henri Philippe Pétain, und dem stellvertretenden (späteren) Ministerpräsidenten Pierre Etienne Laval, *"alle in Frankreich sowie in den französischen Besitzungen befindlichen Deutschen, die von der Reichsregierung namhaft gemacht werden, auf Verlangen auszuliefern".* Genau vier Monate nach dem deutsch-französischen Waffenstillstandsabkommen mit seinem sich als tödlich erweisenden Artikel 19 erfolgte am 22./23.10.1940 die Deportation der badischen, pfälzischen und saarländischen Juden in den Zuständigkeitsbereich der Vichy-Regierung.

Am 29.10.1940 informierte SS-Obergruppenführer und General der Polizei Reinhard Heydrich als "Chef der Sicherheitspolizei und des SD" den Gesandten und SA-Standartenführer Luther im Auswärtigen Amt:

"Der Führer ordnete die Abschiebung der Juden aus Baden über das Elsaß und der Juden aus der Pfalz über Lothringen an. Nach Durchführung der Aktion kann ich Ihnen mitteilen, daß aus Baden am 22. und 23.10.1940 mit 7 Transportzügen und aus der Pfalz am 22.10.1940 mit 2 Transportzügen 6504 Juden im Einvernehmen mit den örtlichen Dienststellen der Wehrmacht ohne vorherige Kenntnisgabe an die französischen Behörden in den unbesetzten Teil Frankreichs über Chalon-sur-Sâone gefahren wurden. Die Abschiebung der Juden ist in allen Orten Badens und der Pfalz reibungslos und ohne Zwischenfälle abgewickelt worden. Der Vorgang der Aktion selbst wurde von der Bevölkerung kaum wahrgenommen. Die Erfassung der jüdischen Vermögenswerte sowie ihre treuhänderische Verwaltung und Verwertung erfolgt durch die zuständigen Regierungspräsidenten. In Mischehe lebende Juden wurden von den Transporten ausgenommen."

Diese Abschiebungs-Anordnung war gewiß im Sinne Adolf Hitlers, dürfte jedoch in erster Linie das Werk der beiden zuständigen Gauleiter gewesen sein, nämlich Josef Bürckel (Gau Westmark, wo diese Aktion des Altparteigenossen, Führervertrauten und zeitweiligen "Reichskommissars für die Wiedervereinigung Österreichs mit dem Deutschen Reich" auch "Bürckel-Aktion" genannt wurde) und Robert Wagner (Baden), von denen berichtet wird, daß sie den Ehrgeiz hatten, dem "Führer" ihre Gaue als erste "judenrein" melden zu können, was ihnen durch diese sogenannte *"Abschiebung"* auch gelang, denn nur ein sehr kleiner Rest der Opfer blieb verschont oder vermochte der Aktion durch Zufall zu entgehen. Die Oktoberdeportation 1940 bedeutete nicht nur das Ende des an sich schon äußerst eingeschränkten und drangsalierten jüdischen Lebens in Südwestdeutschland, sondern zugleich auch das früher oder später vollstreckte Todesurteil für sehr viele dieser deportierten, völlig unschuldigen Männer, Frauen und Kinder. - Sehr wenige blieben von dieser sogenannten *"Abschiebung"* verschont, und sogar nichtjüdische Angehörige gerieten damals auf die tödlichen Schienen der Schoáh. Angesichts unsäglicher Lebensverhältnisse in Gurs und anderen Lagern starben viele schon in den allerersten Wochen; nicht allzu vielen gelang Befreiung oder Flucht; hochherzige Hilfsmaßnahmen wurden organisiert, insbesondere in der Schweiz. Doch für die meisten stand ein grausames Ende bevor.

Anfang Juli 1942 wurde zwischen René Bousquet als Polizeichef der Vichy-Regierung und dem Höheren SS- und Polizeiführer Carl-Albrecht Oberg als Stellvertreter des Reichsführers-SS in Frankreich die "Endlösung der Judenfrage" für Frankreich offiziell besiegelt. Schon Anfang August 1942 rollten die ersten, aus Viehwaggons bestehenden Transportzüge aus Südwestfrankreich über Drancy bei Paris in die deutschen Vernichtungslager des Ostens. Die Barbarei der Oktoberdeportation von 1940 wie auch das Grauen der Vernichtungstransporte bleiben in zahlreichen Augenzeugenberichten und Dokumenten für alle Zeiten festgeschrieben.

Dr. med. Johanna Geissmar wurde von ihrem Arzt-Kollegen Dr. med. Ludwig Mann (1874-1946) bereits in unserem ersten Gurs-Gedenkband 'Oktoberdeportation 1940' im Jahre 1990 folgendermaßen gewürdigt:

"Die Frau war eine Ärztin. Klein, blaß, mit gutem Blick und reinen Augen, aus denen die Klarheit der Kinder leuchtete, die sie, die Kinderärztin, in Heidelberg betreut hatte. Ich kannte sie seit vielen Jahren. Die unerlebte Mutterschaft des Leibes wuchs in Gurs zum Erlebnis einer seelischen Mütterlichkeit aus. Die Frauen des Ilôts fühlten das Geborgensein in ihrer Nähe, und wer in die Infirmerie des Ilôts verlegt wurde, vergaß, daß er in Gurs war. Es war ein gutes Krankenhaus, obwohl man in einer Baracke lag. Aus dünnen Brettern zusammengezimmert. Johanna Geissmar und ihre drei Helferinnen schalteten und walteten da unbefangen, hingebend und in heiterer Harmonie, als ob es kein

Gurs gäbe. Niemand wollte sie auf den düsteren Weg schicken, auch die Lagerleitung nicht. Der Chefarzt des Lagers und sein Stellvertreter versuchten sogar, sie zurückzuhalten. 'Vielleicht gelingt es mir, meine Geschwister dort zu finden', sagte sie mir. Sie wußte, die waren von München deportiert worden. 'Es ist auch gut, wenn ein Arzt mitgeht.' Noch in der Autohalle, von der aus die Camions zum Bahnhof fuhren, kam der und jener zu ihr, jeder suchte, sie umzustimmen. Es war nichts zu machen. Sie wollte die Ihren suchen, sie wollte die ärmsten Kameraden nicht verlassen, sie wollte dort unten in der Halle auch nicht, daß ein anderer zuletzt noch für sie geholt werde. Sie blieb fest. Sie schlief noch eine Zeitlang, auf einem Stuhl sitzend, und stieg dann mit den anderen in den Camion. Man hat nie mehr etwas von ihr gehört. Auch von ihren Geschwistern nicht, die sie finden wollte. Ruhig und entschlossen ging sie den Weg, der zu ihren Geschwistern oder in den Tod führen mußte."[1]

Diese Würdigung haben wir auch in unserem zweiten Gurs-Gedenkband aufgenommen (Erhard Roy Wiehn (Hg.), Camp de Gurs 1940. Konstanz 2000, S. 151). Deshalb haben wir diese Gedenkschrift Richard Zahltens gerne in unsere Edition aufgenommen. Transport Nr. 18 mit Dr. med. Johanna Geissmar ging am 12. August 1942 in Drancy bei Paris ab und traf am 14. August 1942 in Auschwitz-Birkenau ein, und zwar mit 1.007 Personen. Laut "Kalendarium" von Danuta Czech wurden davon 62 Frauen (Nummern 17069-17130) und 233 Männer (Nummern 58785-59017) zu einstweiliger Arbeit ausgewählt, die übrigen 712 Menschen wurden sofort in der Gaskammer getötet und anschließend im Krematorium verbrannt, vermutlich am 14. August 1942, - darunter auch Dr. med. Johanna Geissmar, 65 Jahre alt -, die ebensowenig wie die übrigen 711 oder die 6 Millionen irgendwem je etwas zu leide getan hatte.[2]

Das schwarze Frankreich-Mosaik der Konstanzer Edition *Shoáh & Judaica/Jewish Studies* weist (in der Reihenfolge ihres Erscheinens) somit folgende Titel auf: 1) Erhard Roy Wiehn (Hg.), *Oktoberdeportation 1940 - Die sogenannte 'Abschiebung' der badischen und saarpfälzischen Juden in das französische Internierungslager Gurs und andere Vorstationen von Auschwitz 50 Jahre danach zum Gedenken. Mit einer Dokumentation* (Konstanz 1990); 2) Louis

---

[1] *Erhard Roy Wiehn (Hg.), Oktoberdeportation 1940. Konstanz 1990, S. 419ff. (Fußnoten des Herausgebers sind kursiv.)*

[2] *Vgl. Danuta Czech, Kalendarium der Ereignisse im Konzentrationslager Auschwitz-Birkenau 1939-1945. Reinbek 1989, S. 272f.; Archivdirektion Stuttgart (Hg.), Die Opfer der nationalsozialistischen Judenverfolgung in Baden-Württemberg 1933-1945. Ein Gedenkbuch. (Veröffentlichungen der Staatlichen Archivverwaltung Baden-Württemberg. Beiband zu Band 20. Stuttgart 1969, S. 417.)*

Dreyfuss, *Emigration nur ein Wort? - Ein jüdisches Überlebensschicksal [aus Breisach a.Rh.] in Frankreich 1933-1945* (1991/vergriffen); 3) Erhard Roy Wiehn, *Schriften zur Schoáh und Judaica* (z.T. relevant/1992); 4) Dorothee Freudenberg-Hübner u. E.R. Wiehn (Hg.), *Abgeschoben - Jüdische Schicksale aus Freiburg 1940-1942. Briefe der Geschwister Liefmann aus Gurs und Morlaas an Adolf Freudenberg in Genf* (1993); 5) Marianne Ahlfeld-Heymann, *Und trotzdem überlebt - Ein jüdisches Schicksal aus Köln durch Frankreich nach Israel 1905-1955* (1994); 6) Brigitte Pimpl u. Erhard Roy Wiehn (Hg.), *Was für eine Welt - Jüdische Kindheit und Jugend in Europa 1930-1945* (z.T. relevant/1995); 7) Martha u. Else Liefmann, *Helle Lichter auf dunklem Grund - Die 'Abschiebung' aus Freiburg nach Gurs 1940-1942 (Reprint). Mit einer Dokumentation* (1995); 8) Friedel Bohny-Reiter, *Vorhof der Vernichtung - Eine Schweizer Schwester im französischen Internierungslager Rivesaltes 1941-1942* (1995); 9) Manfred Wildmann u. Erhard Roy Wiehn (Hg.), *Und flehentlich gesegnet - Briefe der Familie Wildmann aus Rivesaltes und Perpignan. Schicksale aus Philippsburg 1941-1943* (1997); 10) Martin Ruch, *Aus der Heimat verjagt - Zur Geschichte der Familie Neu. Schicksale aus Offenburg und Südbaden 1923-1998* (z.T. relevant/1998); 11) Jack Scott, *Nie wieder in Deutschland leben - Von Gelsenkirchen, Gera und Fürth durch Belgien, Frankreich, Spanien mit der britischen Armee nach Deutschland zurück* (1998); 12) Lilli Bernhard-Ithai, *Erinnerung verpflichtet - Von Berlin über Brüssel nach Lyon in die Schweiz und durch Gurs nach Auschwitz* (1999); 13) Mordecai Paldiel, *Es gab auch Gerechte - Retter und Rettung jüdischen Lebens im deutschbesetzten Europa 1939-1945* (1999); 14) Erhard Roy Wiehn (Hg.), *Camp de Gurs 1940 - Zur Deportation der Juden aus Südwestdeutschland 60 Jahre danach zum Gedenken* (2000); 15. Richard Zahlten, *Dr. Johanna Geissmar - Von Mannheim nach Heidelberg und über den Schwarzwald durch Gurs nach Auschwitz-Birkenau 1877-1942. Einer jüdischen Ärztin zum Gedenken (2001).*

Herzlich zu danken ist Richard Zahlten für diese Gedenkschrift, Margot Wicki-Schwarzschild für ihr eindrückliches Vorwort "von innen"[3], Cornelia Künzel fürs Korrekturlesen sowie Heide Fehringer für alle Korrekturarbeiten. - Was aufgeschrieben, veröffentlicht und in einigen Bibliotheken der Welt aufgehoben ist, wird vielleicht nicht so schnell vergessen. - Jom Haschoáh 5761 - 19. April 2001

[3] *Margot Wicki-Schwarzschild "Gurs aus Kinderperspektive", in: Erhard Roy Wiehn (Hg.), Camp de Gurs 1940 - Zur Deportation der Juden aus Südwestdeutschland 60 Jahre danach zum Gedenken. Konstanz 2000, S. 13-23, siehe auch ihr Vorwort "60 Jahre danach", S. 7-8; vgl. dort auch: Hannelore Wicki-Schwarzschild, "Kindheitserinnerungen an Gurs", S. 24-29.*

Richard Zahlten

Dr. med. Johanna Geissmar

Familie Geissmar als jüdische Deutsche in Mannheim

Johanna Geissmar, die schöne, kluge Tochter des in Mannheim stadtbekannten Rechtsanwalts Josef Geissmar, stammt von jüdischen Familien ab, die seit Jahrhunderten in Deutschland ansässig waren. Die Vorfahren ihres Vaters lebten seit 1506 überwiegend in Breisach[4] und Ihringen bei Emmendingen, Mutters Familie seit Generationen in Eppingen bei Heidelberg.[5] Ihre Großeltern hat Johanna nicht kennengelernt, denn als sie 1877 als jüngstes Kind von sechs Geschwistern geboren wurde, waren drei ihrer Großeltern schon tot, blieben aber in den anschaulichen Erzählungen der Eltern lebendig.

Nur Rabbi David Jakob Geismar hatte sie als zweijähriges Kind noch auf dem Schoß; er hatte die lange Reihe der Rabbiner, Kantoren und Religionslehrer[6] in der Familie Geissmar fortgesetzt, war als hinreißender Redner bekannt und bescheiden genug, in der kleinen Gemeinde Sinsheim, die mit ihren Geldern haushalten mußte, auch die Aufgaben von Kantor und Religionslehrer zu übernehmen. Zwei Ereignisse seiner Amtszeit erfüllten ihn mit Freude und stiller Genugtuung: Durch die Berufung zum Bezirksrabbiner wurde eine größere Verantwortung auf seine Schultern gelegt; durch beharrliches Sammeln von Geldern gelang es der jüdischen Gemeinde in Eppingen, den Bau einer Synagoge zu finanzieren, und Rabbi Geismar durfte das Weihegebet sprechen[7].

Seine Frau Jeanette, geborene Falkenau[8], mußte mit dem geringen Einkommen ihres Mannes zurechtkommen. Oft reichte es nur zu einer Gemüsesuppe und trockenem Brot am Abend. Beim wöchentlichen Damenkränzchen mit den Honoratioren des Ortes ließ sie die sparsame Lebensweise der Familie nicht durchblicken. Sie glänzte im Kreis der Damen durch die Kenntnis guter Bücher und war gefürchtet wegen ihrer offenherzigen Redeweise. Für die kleinen Probleme, die im Alltag einer Familie auftauchen können, fand Jeanette leicht praktische Lösungen.

---

[4] *Vgl. Hans David Blum, Juden in Breisach - Von den Anfängen bis zur Schoáh. Konstanz 1998; Louis Dreyfuss, Emigration nur ein Wort? - Ein jüdisches Überlebensschicksal [aus Breisach am Rhein] in Frankreich 1933-1945. Konstanz 1991.*

[5] Nachweis durch Ahnentafeln, die mir freundlicherweise von Werner L. Frank zur Verfügung gestellt wurden.

[6] Rabbi David Jakob Geismar, geb. 1797 in Breisach, gestorben am 22.12.1879 in Alzey.

[7] Programm zu der am Freitag, dem 31.10.1873, stattfindenden Einweihung der neuen Synagoge zu Eppingen: Punkt 4 - Weihegebet durch Bezirks-Rabbiner Geissmar aus Sinsheim.

[8] Jeanette (Jette) Falkenau, geb. 27.7.1799 in Fürth, gest. 30.9.1861 in Sinsheim.

Als Sohn Josef[9] zum Studium ging, fehlte ein Koffer; da packte Mutter Jeanette kurz entschlossen alle Habseligkeiten ihres Sohnes in ein Bettuch. Als Josef in Heidelberg aus dem Zug stieg, sah ihn ein Klassenkamerad, der sofort erkannte, daß der kluge, aber arme Josef kein lustiger Studienkamerad zu werden versprach und brach jeglichen Kontakt zu ihm ab. Josef war ein Bücherwurm, studierte eifrig, bekam mit 22 Jahren einen ehrenvollen juristischen Preis zugesprochen und bestand glanzvoll sein Abschlußexamen an der Universität. Wie Josef seine spätere Frau Clara[10] kennenlernte, ist eine oft erzählte Familiengeschichte. Rabbi David hatte seinen 16-jährigen Sohn Josef zu einem Sabbatgottesdienst nach Eppingen mitgenommen. Als er anschließend die befreundete Familie Regensburger besuchte, wurde Clara als Neugeborene in die ersten Windeln gewickelt. Josef schaute staunend auf das winzige Wesen, wohl ohne zu ahnen, daß er seine spätere Frau sah.

Bei Claras Geburt 1844 war ihr Vater Lemle (Ascher ben Isaak) Regensburger[11] 63 Jahre alt und lebte von den Einkünften, die er in einem arbeitsreichen Leben als Viehhändler erworben hatte. Nach jüdischer Tradition half Lemle Bedürftigen, wo es geboten war. Lemle war fromm, und seine Tochter hat es nie vergessen: "Ich hatte meine erste Kindheit in einem gläubigen Elternhaus verbracht und Freuden und Leiden, die Entbehrungen und die innere Befriedigung, welche das Judentum seinen Bekennern zuteilt, durchkostet."[12] Bei ihrer Mutter Zierle (Cäcilia), geb. Maier[13], lernte Clara die Hausfrauenpflichten. Schon mit 6 Jahren konnte sie vollendet Strümpfe stricken, was besonders im Fersenbereich eine Kunst ist. Wichtiger aber war der Mutter, all die Talente zu fördern, die sich bei Clara zeigten. Wie sie die Begabungen entdeckte, schildert Clara in ihren Erinnerungen: "Ich zeichnete einmal aus einer illustrierten Zeitschrift einen zu Tode geängstigten Geiger, der den ihn umheulenden Wölfen aufspielt, damit sie ihn nicht zerreißen. Den Geiger und sein verzerrtes Gesicht brachte ich so richtig auf Papier, daß meine Mutter Lust bekam, mir Zeichenstunden geben zu las-

---

[9] Josef Geissmar, geb. 16.10.1828 in Sinsheim, gest. 22.1.1900 in Mannheim. Clara Geissmar; Erinnerungen (Privatdruck 1913), S. 87.

[10] Clara Geissmar, geb. Regensburger, geb. 20.4.1844 in Eppingen, gest. 16.7.1911 in Mannheim.

[11] Lemle (Asher ben Isaak) Regensburger, geb. 9.6.1781 in Eppingen, gest. 15.4.1855 in Eppingen.

[12] Clara Geissmar, Erinnerungen, S. 204.

[13] Zierle (Cecilia) geb. Maier, geb. 1803 in Eppingen, gest. 11.12.1858 in Eppingen.

sen."[14] Mutter lobte, ermutigte, regte an, wie es gute jüdische Mütter tun. Unter ihrem Einfluß las Clara viele Bücher und lernte Gedichte auswendig. Wenn jemand sie kränkte, wehrte sie sich mit schnell dahingeworfenen Gedichtzeilen. Mit ihrem hellen Köpfchen kam sie auch gegen den älteren Bruder an. Als Moses, ganz tüchtiger Geschäftsmann, sie eines Tages als Störenfried aus dem Laden jagte, bot sie - spaßhaft - ihren Bruder zum Verkauf an: *"Kaufet, wer will, den Bruder mit der Brill'!"*[15]

Für Claras späteres Familienleben mit Josef und den Kindern war ihre hohe Musikalität besonders wichtig. Nach kürzester Zeit spielte sie auf dem Klavier Walzer aus dem Übungsheft, und der erste Lehrer verabschiedete sich, nachdem er noch in der letzten Stunde mit einem Stuhl nach der Musik seiner Schülerin Walzer getanzt hatte. Der zweite Lehrer sprach nach einer Weile konzentrierten Unterrichtens mit der Mutter und erklärte, er wolle den Unterricht aufgeben, denn seiner Schülerin könne er nichts mehr beibringen. Zweifellos hatte Clara großes musikalisches Talent, das durch traditionelles Musizieren in der Familie gefördert wurde. Allabendlich und besonders an den Festen sangen Eltern und Kinder mit Begeisterung Lieder, und Clara meinte, "es könne nichts Schöneres geben."[16] Daran dachte sie noch als alte Frau zurück: *"Das äußere Behagen dieses Abends (Sabbat), die erfüllten religiösen Vorschriften, das Gefühl herzlicher Familienzusammengehörigkeit - das alles gab diesen Abenden eine Weihe, oder vielmehr eine aus äußerem Behagen und gemütlicher Befriedigung zusammengesetzte Stimmung, die mir in späteren Jahren kein sinnlicher und kein geistiger Lebensgenuß geboten hat."*[17]

Das friedvolle Zusammenleben im Kreis der Familie Regensburger fand ein Ende, als nach Vater Lemles Tod 1855 auch Mutter Zierle 1858 starb. Clara erinnert sich genau an die letzte Zeit mit der Mutter: *"Zwei Tage vor dem Tode, ihre Lieblingsschwester Ella war gerade bei ihr, ging ich aus dem Zimmer, setzte mich ans Klavier und spielte den ersten Satz aus der Mondscheinsonate. Die Tante sagte mir, sie habe während des Spiels wie verklärt dagelegen. Einmal sagte sie noch mit lauter Stimme auf hebräisch: 'Höre Israel! Der Ewige, unser Gott, ist einzig!' Dann gab sie uns allen die Hand."*[18] In der folgenden Nacht

---

[14] Clara Geissmar, Erinnerungen. S. 75.

[15] A.a.O., S. 74.

[16] A.a.O., S. 33.

[17] A.a.O., S. 23.

[18] A.a.O., S. 84.

starb sie. Clara war nun als 16-jährige Waise und wurde von Verwandten aufgenommen.

Die schöne, kluge Clara zog die Aufmerksamkeit vieler junger Männer auf sich, die sie heiraten wollten. Sie entschied sich für Josef Geissmar, der gerade zum Hofgerichtsadvokaten in Konstanz ernannt worden war. Am 1. Mai 1862 feierten Josef Geissmar und Clara Regensburger Hochzeit.[19]

In Konstanz, wo Johannas Eltern ihr gemeinsames Leben begannen, lebten damals wenige jüdische Bürger, denn die Stadt hatte Juden rund 400 Jahre den Zuzug verwehrt.[20] Bei aller Liebe ihres Gatten und trotz der vielen gesellschaftlichen Verpflichtungen, welche die Stellung ihres Mannes mit sich brachte, fühlte Clara sich einsam, "leer und unbefriedigt"[21], denn sie vermißte die Einbindung in das religiöse Leben einer Synagogengemeinde. Mit Sorge beobachtete Clara, wie sie sich in ihrem Familienleben ihrer Umgebung anpaßte. Wie sollte sie hier ihre Kinder in der jüdischen Tradition erziehen? Das Wort einer Freundin gab ihr zu denken: "Alle Kirchen sind Erziehungsanstalten, der Protestantismus ist die beste." Sollte sie ihre Kinder taufen lassen, da es keine jüdische Gemeinde mit Rabbiner und Lehrer gab, die sich ihrer Kinder annähmen? Aber da war ihr Schwiegervater, der Rabbiner, und ihr Mann, streng orthodox erzogen, und "die Kinder waren noch zu klein, die Frage nicht brennend."[22] Die Änderung der äußeren Verhältnisse, der Umzug nach Mannheim, erleichterten Clara eine Entscheidung: Die Kinder blieben ungetauft.

Nach einigen Jahren in Konstanz zog das Ehepaar Geissmar 1867 nach Mannheim, das Josef von seiner Zeit als Gerichtsreferendar kannte und wo Deutsche, Wallonen, Hugenotten und Juden friedlich zusammen lebten, seit Kurfürst Karl Ludwig[23] sie vor Zeiten in die Stadt rief, um die Schäden des 30-jährigen Krieges zu beseitigen.

---

[19] Siehe Fußnote 5.

[20] *Siehe Erich Bloch, Geschichte der Juden von Konstanz im 19. Und 20. Jahrhundert. Eine Dokumentation. Konstanz 1971; siehe auch in: Erhard Roy Wiehn, Schriften zur Schoáh und Judaica. Konstanz 1992.*

[21] Clara Geissmar, Erinnerungen, S. 205; vgl. Erhard Roy Wiehn: Keine Entwarnung. Konstanz 1997, S. 149.

[22] Clara Geissmar, Erinnerungen, S. 207 (Überprüfungen der Anmeldeformulare und sonstiger Unterlagen ergaben, daß die frühere Annahme falsch war, Clara habe die Kinder taufen lassen. R.Z.).

[23] Kurfürst Karl Ludwig (1649-1680); Andreas Cser, "Zwischen Stadtverfassung und absolutistischem Herrschaftsanspruch." In: Geschichte der Juden in Heidelberg, Heidelberg 1996, S. 49.

Wer Bürger werden wollte, mußte bauen. Es gab eine Judengasse, doch durften in ihr auch Christen wohnen, wie in anderen Straßen sich Juden neben Christen ansiedelten. Der nachbarliche Umgang förderte das gegenseitige Kennenlernen, und das gemeinsame Interesse am Gedeihen der Stadt verwob das Leben von Juden und Christen in Vereinen, Wohlfahrtsverbänden und Bürgerschaft, so daß sich anfängliches vorsichtiges Zögern und Drängen nach Abgeschlossenheit im Laufe der Jahrzehnte verlor. Freilich mußten die Juden wie überall im Land Sonderabgaben zahlen, Schutz- und Freigeld, und blieben in ihrem wirtschaftlichen Tun auf Handel mit Landesprodukten und Geldgeschäfte beschränkt.

Aber der Assimilierungsprozeß gewährte den Juden einen immer größeren Freiraum, bis sie 1862 durch das badische Reformgesetz den anderen Bürgern gleichgestellt wurden. Nun engagierten sich jüdische Kaufleute im Großhandel mit ausländischem Getreide, Tabak, Holz und nutzten dabei die Erfahrungen im langjährigen Vertrieb inländischer Waren. Im großen wirtschaftlichen Aufschwung am Ende des 19. Jahrhunderts wurde Mannheim zur Industriestadt. Da die Universität Heidelberg schon seit 1724 jüdische Studenten zugelassen hatte, gab es jüdische Ärzte, Richter und Anwälte.[24]

Der Chronist der Stadt Mannheim schreibt über den Beitrag der Juden zur Stadtentwicklung: *"Trotz des geringen Anteils an der Gesamtbevölkerung (volkszählungsmäßig rund 3%) ist das Judentum aus dem Aufstieg dieser Stadt, aus ihrer Physiognomie nicht hinwegzudenken. Sein Unternehmungsgeist, seine der guten Mischung des Pfälzertums verwandte Beweglichkeit und Sensibilität, seine Aufgeschlossenheit, Heimatverbundenheit, sein Kunstsinn und seine Opferfreudigkeit haben im Zusammenwirken mit den christlichen Mitbürgern an der Prägung und Pflege des Stadtgeistes tätig mitgearbeitet."*[25]

In zwei Bereichen des städtischen Lebens engagierten sich die Juden besonders: in der Wohlfahrtspflege und im Kulturleben. Was hochherzige jüdische Spender für die Wohlfahrtspflege getan hatten, war auf einer Ehrentafel im Rathaus verzeichnet, welche die Nationalsozialisten zerstört haben. Im Kulturleben der Stadt gehörten Juden zur tragenden Schicht. Ihre rege Anteilnahme läßt sich aus den Listen der Theater- und Konzertabonnenten und aus den Mitgliederverzeichnissen der Kulturvereine ersehen.

Josef Geissmar hatte eine Anwaltskanzlei eröffnet, die nach der Reichsgründung mit dem ungeheuren Wirtschaftsaufschwung im Reich und der Vielzahl

---

[24] Vgl. Martin Krauss, "Zwischen Emanzipation und Antisemitismus (1802-1862)." In: Geschichte der Juden in Heidelberg. Heidelberg 1996, S. 211.

[25] Hans-Joachim Fliedner, Die Judenverfolgung in Mannheim (Veröffentlichungen des Stadtarchivs Mannheim, Bd. 2). Stuttgart 1991.

von Firmengründungen in der Stadt Mannheim an Größe und Bedeutung gewann. Im großen Wirtschaftsraum des Deutschen Reiches konnte der Waren- und Geldverkehr ungehindert fließen. Da das Handels- und Bankrecht im Reich vereinheitlicht und liberalisiert wurde, benötigten die Firmen, die reichs-bzw. weltweit operierten, Anwälte, die auf dem neuesten Stand waren. Josef Geissmar brillierte mit seinen juristischen Kenntnissen und erwarb den Ruf zuverlässiger Fairneß, so daß viele alteingesessene und angesehene Industriellenfamilien sich von ihm anwaltlich vertreten ließen.

Wie die Kaufleute ihre Handelsbeziehungen in alle Welt knüpften, so dehnten sich auch die Kontakte der Anwaltskanzlei Geissmar weltweit aus. Josef und Clara Geissmar zählten bald zur "besseren Gesellschaft" der Stadt und gereichten mit ihrem gewandten und vornehmen Erscheinen jeder gesellschaftlichen Veranstaltung zur Ehre. Ob Josef Geissmar sein ihm verliehenes "Ritterkreuz I. Klasse mit Eichenlaub" jemals öffentlich getragen hat, ließ sich nicht feststellen.[26] Äußeres Zeichen seiner erfolgreichen Arbeit war die ansehnliche Kanzlei am Schillerplatz gegenüber dem 1777 gegründeten Nationaltheater.

Leopold Geissmar, der älteste Sohn, setzte die Arbeit seines Vaters fort. Er studierte Jura, trat in die Kanzlei seines Vaters ein, wurde Teilhaber und schließlich erfolgreicher Nachfolger, der im Aufsichtsrat und Vorstand großer Mannheimer Unternehmen tätig war, u.a. in der Badischen Bank, der Badischen Assekuranz-Gesellschaft, der Mannheimer Lagerhaus-Gesellschaft.[27] Verheiratet war er mit Anna Hirsch, die aus einer seit über 200 Jahren in Mannheim ansässigen Familie stammte.[28]

Als tüchtiger Anwalt widmete sich Leopold Geissmar bis nachmittags 17 Uhr seiner großen Klientel, dann der Familie und seiner großen Leidenschaft, der Musik. Manchmal unterbrach er für kurze Zeit die Büroarbeit und spielte auf der Geige, die bereit lag. Einmal in der Woche kamen Freunde zum Quartett-Spielen, die in ihrer Begeisterung für die Musik einen Konzert-Verein gründeten und für jedes Jahr vier öffentliche Auftritte der berühmtesten Quartette Deutschlands garantierten. Die Gäste logierten im Hause Geissmar und hatten Gelegenheit zu manch gutem Essen und erhitzten Gesprächen über die musikalischen

[26] Clara Geissmar, Erinnerungen, S. 72.

[27] Todesanzeigen der Wirtschaftsunternehmen in der Zeitung.

[28] Berta Geissmar, Musik, S. 15.

Fragen der Zeit. Welch anregendes Familienleben, welche Musik-Erziehung der beiden Kinder Hans und Berta![29]

Leopold Geissmars großes Interesse galt den Instrumenten. Im Laufe der Zeit wurde er zum gefragten Kenner. Im Jahre 1900 erfüllte sich sein größter Wunsch als Sammler von Instrumenten: Eine Stradivarius-Geige wurde ihm angeboten, die Stradivarius 1710 gebaut hatte, sorgfältig gepflegt, und von Kennern hochgelobt. Leopold Geissmar kaufte die Geige und hielt das Glück seines Lebens in den Händen, wie Tochter Berta notierte: die Vieuxtemps-Stradivarius-Violine.[30]

Das Haus Geissmar sah viele Verwandte, Freunde, Geschäftspartner und Künstler als Gäste, von denen der bekannteste Wilhelm Furtwängler gewesen sein dürfte.[31] Begehrt war eine Einladung zur Premierenfeier, wenn Leopold und Anna Geissmar sie in ihrem Haus ausrichteten. Welch großartige Gastgeber die Geissmars waren, berichtet anerkennend Intendant Hagemann: *"Sympathischer als andere, weil zwangloser und anregender, waren allerdings die immer weniger groß aufgezogenen und weniger zahlreich besuchten Gesellschaften, wie sie Leopold und Anna Geissmar ... zu bieten pflegten."*[32] Eingeladen zu einer solchen Feier wurde Intendant Hagemann erst, nachdem er einen Streit mit dem Hausherrn bestanden hatte, der sich an dem Lärm aus den Übungszimmern des der Kanzlei gegenüberliegenden Theaters entzündete.

Wochenlang irritierte eine Fahne die theaterbegeisterten Mannheimer. Sie hing, sie hing nicht, und keiner konnte sich einen Reim darauf machen, was die Fahne mit dem aufgemalten Friedensengel zu bedeuten habe. Bei der Premierenfeier zu "Salome" lüftete Leopold Geissmar in einer launigen Ansprache das Geheimnis. Er hatte den neuernannten Intendanten Hagemann bei Beginn der umfangreichen Proben zur Uraufführung der Oper in Mannheim aufgesucht, weil die ungewohnten Töne bei geöffnetem Fenster ihn belästigten, denn sein Rechtsanwaltsbüro lag ja bekanntlich dem Theater gegenüber. Selbstbewußt wies Geissmar darauf hin, daß seine Familie schon seit Carl Theodors Zeiten eine Loge im Theater habe. Kurz, Leopold Geissmar forderte, daß die Fenster auch an heißen Tagen geschlossen bleiben müßten. "Jedenfalls wäre das Zeug nicht anzuhören. Er schwöre auf Mozart und spiele mit Vorliebe Brahms-Quartette." Der Intendant blieb gelassen. "Falls ihm der Theaterbetrieb Ungele-

[29] Siehe Ahnentafel S. 61ff.

[30] Berta Geissmar, Musik, S. 18.

[31] Vgl. Richard Zahlten, Meine Schwester starb in Auschwitz. Lahr 2000, S. 19-30.

[32] Carl Hagemann: Bühne und Welt, Verlag der Greif 1948, S. 82.

genheiten verursache, müsse er anheimstellen auszuziehen. Er könne sein Büro doch aufschlagen, wo er Lust habe. Das Theater schiene ihm an seinen Platz gebunden zu sein." Geissmar ging hinaus, schaffte eine Autohupe an und ließ jedesmal, wenn im Theater die Proben begannen, von seinen Angestellten bei offenem Fenster die Autohupe bedienen. Nun besuchte der Intendant seinen Nachbarn. Als sich beide im Anwaltszimmer niederließen, wurde ihnen die "Komik der ganzen Affäre" bewußt, und sie schlossen einen Vergleich, der vorsah, daß nur bei Beteiligung mehrerer Personen an den Proben im Theater die Fenster geöffnet werden sollten. "Eine am Probenzimmer befestigte Fahne sollte frühmorgens dem Bürodiener anzeigen, ob er die Fenster des Herrn Geissmar öffnen oder nicht öffnen dürfte. Hing die Fahne, so war eine Probe für mehrere Sänger vorgesehen - fehlte sie, hatte es Kutzschbach (der Kapellmeister) nur mit einem oder höchstens zweien zu tun." Beim Abschied überreichte Geissmar dem Intendanten einen in Zeitungspapier gewickelten Gegenstand: die Autohupe. Beide Kontrahenten blieben in gegenseitigem Respekt über Jahre einander verbunden.[33]

Leopold Geissmar starb 1918. Verwandte, Freunde und viele Einwohner der Stadt bewahrten ihm ein ehrenvolles Andenken. Nur 15 Jahre später wurden seine Frau Anna und seine Tochter Berta, all seine Geschwister und deren Kinder zu "untragbaren" Personen erklärt.[34] Hitler, der die Juden in seinem Buch 'Mein Kampf' eine "Rotte von Ratten" nannte[35], ließ sie erbarmungslos verfolgen. Der Haß der Nazis traf auch Familie Geissmar.

Jakob Geissmar, der älteste Bruder Leopolds, verheiratet mit Elisabeth Hirsch, mußte 1933 den Staatsdienst verlassen. Er hatte Jura studiert, war Richter geworden, die Karriereleiter emporgeklettert und war vor seiner Pensionierung 1933 als Landgerichtsdirektor Leiter der Abteilung für Wirtschaftsstrafsachen am Heidelberger Landgericht.[36] Mit seiner Frau und seinen beiden Töchtern Else und Marta zog er am 30. Juni 1934 nach Pöcking bei München.[37]

---

[33] Carl Hagemann, Bühne und Welt, S.84-88.

[34] Berta Geissmar, Musik, S. 93: "Professor Havemann (Vorsitzender des Kampfbundes für deutsche Kultur) schreibt, daß die jüdischen Mitglieder und natürlich Fräulein Geissmar im neuen Deutschland nicht mehr tragbar seien."

[35] Ludger Graf von Westphalen, Geschichte des Antisemitismus in Deutschland im 19. und 20. Jahrhundert. Stuttgart, S. 58 f.

[36] Stadtbuch der Stadt Heidelberg aus dem Jahr 1930.

[37] Gedenkbuch an die ehemaligen Heidelberger Bürger jüdischer Herkunft. Dokumentation ihrer Namen und Schicksale 1933-1945. Bearbeitet von Arno Weckbecker im Zusammenwirken mit dem Stadtarchiv Heidelberg. Heidelberg 1983, S. 48.

Else Geissmar emigrierte 1938 in die USA und wurde Assistant Professor for Piano.[38] Jakob, Elisabeth und Marta holte die Gestapo und transportierte sie am 17. April 1943 nach Theresienstadt, wo Jakob am 1. März 1944 starb. Elisabeth und Marta wurden in Auschwitz-Birkenau ermordet.[39] Hinterlassen hat Jakob Geissmar feinsinnige Tagebucheintragungen aus der KZ-Zeit, die Einblick in die Not seines Lebens unter den Haftbedingungen geben und eine Offenbarung tiefer Liebe zu Verwandten und Freunden sind.[40]

Dr. Friedrich Geissmar, Leopolds zweiter Bruder, betrieb in Mannheim eine gutgehende Praxis als Arzt. Da er ledig blieb, konnte er sich auch unter den Beschränkungen, die jüdischen Ärzten in der Zeit des Dritten Reiches auferlegt wurden, bis 1938 wirtschaftlich in Mannheim halten. Erst dann verließ er die Stadt und flüchtete zu seiner Schwester Johanna nach Saig. Die Ausweglosigkeit seiner Situation trieb ihn in die Verzweiflung, so daß er sich im Herbst 1940 das Leben nahm.

Für die Tochter des angesehenen, gutsituierten Rechtsanwaltes Josef Geissmar und seiner im gesellschaftlichen Leben der Stadt Mannheim engagierten Frau Clara schien ein wohlgeordneter Lebensweg vorgezeichnet. Sie besuchte die Höhere Töchterschule ihrer Heimatstadt, wurde durch die Mutter in die vielfältigen Pflichten einer Hausfrau eingewiesen und schrittweise in die städtische Gesellschaft eingeführt. Für die älteren Brüder dürfte es ein Vergnügen gewesen sein, die junge, hübsche Schwester in ihre Aktivitäten einzubeziehen: Gast bei Bruder Leopold, wenn Hauskonzerte stattfanden, Begleiterin der Brüder Jakob und Friedrich bei Vorlesungen in Heidelberg, wenn die Brüder ein Thema für sie interessant fanden und sie beim anschließenden Treffen mit Freunden mit ihrer klugen Schwester "angeben" konnten.

Für Johanna, die Jüngste im Kreis der Geschwister, kam freilich ein Studium zunächst nicht in Frage, denn ihrem Frauen-Jahrgang 1877[41] waren die Universitäten noch verschlossen. Johannas großer Stolz aber war ihr Vater Josef Geissmar, der aus dem kleinen Rabbinerhaushalt in Sinsheim stammte und in Mannheim Ansehen und Vermögen erworben hatte, so daß seine Frau ihn für den

---

[38] Unterlagen im Staatsarchiv Freiburg i.Br.

[39] Gedenkbuch an die ehemaligen Heidelberger Bürger; Informationen aus dem Archiv Yad Vashem, Jerusalem. Schreiben von Else Geissmar vom 15.3.2000.

[40] Einsicht in einige Texte erhielt ich freundlicherweise durch Werner L. Frank.

[41] Siehe hier Seite 60.

reichsten Mann in Baden hielt.[42] Rabbiner David Jakob Geismar, der mühsam Geld für ein Studium zusammengekratzt hatte, meinte manchmal, der Sohn hätte das Geld besser in Geschäften angelegt. Er hatte die wirtschaftlichen Chancen nicht erkannt, die ein Studium in der Gründungsphase des Deutschen Reiches bot. Als Josef Geissmar am 22. Januar 1900 starb, traf es die Familie hart. Der Nachruf in einer Mannheimer Zeitung zeigt, welch hervorragender Mensch Johanna Geissmars Vater war:

NACHRUF
Josef Geissmar

So ist Mannheim wieder um einen Eigenmenschen ärmer geworden - gestern Nachmittag haben wir, was sterblich war an Josef Geissmar, den verzehrenden Flammen übergeben.

Wer kannte sie nicht, die starke, untersetzte Gestalt mit dem runden Kopfe, wie sie behäbig durch unsere Straßen ging, im weiten, stets offenen Havelock, wie sie zeitweilig stehen blieb, dann sich wieder gemächlich in Bewegung setzte - fast nie jemanden erkennend?

An Figuren von Andersen wurde man durch ihn erinnert, und wie ein Märchen auch mutete es den an, der in den reichen Räumen seines Innern Umschau halten durfte.

Vom großen Juristen, als welcher er allgemein hochgeschätzt wurde, will ich nicht reden; der liegt eigentlich schon hinter der Zeit, in welcher ich ihn näher kennenlernte.

Aber auch hier war er meiner Erfahrung nach nie der Fachmensch, der in den Paragraphen stecken blieb, sondern vom Geiste notwendiger Weiterentwicklung durchdrungen, vor Verknöcherung bewahrt.

Und von hier führt ein direkter Gang in sein Heiligstes. Darin waren Goethe und Bismarck ausgestellt - nicht als Prunkstücke dekorativen Charakters, sondern lebendige Wesen, ihm stets und überall gegenwärtig. Aus diesem Umgange wuchsen denn auch seine hervorragendsten Eigenschaften heraus:

Wie Goethe suchte er zu verstehen, nicht zu richten; alles Unklare war ihm verhaßt; in seiner Seele spiegelten sich wie in einem Gebirgssee mit leuchtender Schärfe die Dinge, und wenn er seinen Gedanken hierüber Ausdruck gab, waren sie voll Weisheit und präzis in der Form wie Kristalle.

[42] Clara Geissmar: Erinnerungen, S. 72.

In Bismarck sah er den Verwirklicher eines Jugendideals und hielt ihm namentlich auch nach der Entlassung und über das Grab hinaus dankbarste Treue. Und doch war es nicht das Werk des Helden, was er am meisten schätzte. Auch hier blieb ihm, echt Goetheisch, das Höchste der Mensch, und an diesem wieder das in der Geschichte fast beispiellose Niederhalten der Charaktereigenschaften im Dienste einer großen Sache.

Johanna wurde zur Vertrauten des Schmerzes ihrer Mutter. In den Tagen nach der großen öffentlichen Trauerfeier, als alle Trauergäste abgereist waren, begleitete sie die Mutter bei den notwendigen Gängen zu den Ämtern. Gemeinsam suchten sie nach einiger Zeit einen Platz zur Beisetzung der Urne auf dem jüdischen Friedhof, trugen den Majolika-Behälter mit der Asche des so geliebten Verstorbenen an seinen Platz und bedeckten das Urnengrab mit Kränzen.[43] Schmerzlich wurde Johanna in dieser Zeit bewußt, wie sich ihre persönliche Situation nach dem Tod des Vaters geändert hatte. Sie war 28 Jahre alt, unverheiratet und mit der Mutter allein. Sie dachte an Aufbruch.

Dr. Johanna Geissmar als Kinderärztin in Heidelberg

Die Universität lockte sie, denn seit 1900 ließ die Heidelberger Universität auch Frauen zum Studium zu. Noch fehlte ihr das Abitur. Sie holte es am humanistischen "Gymnasium Hohenbaden" in Baden-Baden nach und wagte am 23. Oktober 1909 den kühnen Schritt zur Anmeldung an der Ruprecht-Karls-Universität in Heidelberg[44], in deren liberaler Atmosphäre sich jüdische Studenten willkommen fühlen konnten. Johanna wählte das Studienfach Medizin, das ihren persönlichen Neigungen entgegenkam und die Begründung einer selbständigen Existenz durch eine Arztpraxis ermöglichte. Bei Studienbeginn war Johanna 32 Jahre alt. Zu ihrer Mutter konnte sie vom nahen Heidelberg schnell hinüberfahren und sie weiter umsorgen.[45]

[43] Handschriftliches Schreiben von Clara Geissmar (Privatbesitz).

[44] Zählkarte der Universität Heidelberg; Eintrag: konfessionslos, vgl. S. 64.

[45] Die Ab- und Anmeldungen in Heidelberg zeigen, daß sie die Semesterferien regelmäßig bei der Mutter verbrachte.

In der ersten Zeit ihres Studiums wohnte Johanna bei ihrem Bruder, Landgerichtsrat Jakob Geissmar.[46] Sein Haus lag am Graimbergweg 1, oberhalb der Altstadt, über die der Blick bis zum Neckar schweifte. Stadttheater, Rathaus, Universität und Schloß erreichte man bequem zu Fuß. Ihre Schwägerin Elisabeth führte ein gastliches Haus, in das regelmäßig Verwandte und Freunde eingeladen wurden. Gäste kamen aus allen Kreisen der Heidelberger Gesellschaft. Sein Richteramt sicherte Jakob Geissmar Ansehen und Ehre. Wer das Haus betrat, fand nationalliberalen Geist[47], der zur kaiserlichen Zeit damals in der Heidelberger Gesellschaft vorherrschend war. Besucher sahen vertraute Bilder nationaler Größen in der Wohnung, konnten in den Bücherschränken Goethe, Schiller und viele andere Dichter finden. Daß Familie Geissmar ein bescheidenes bürgerliches Leben führte, erleichterte manchem Besucher, der innerlich noch im anerzogenen Antijudaismus gefangen war, den Eintritt in das Haus Geissmar; denn auch dort stand in der Weihnachtszeit ein Tannenbaum, und man suchte an Ostern im Garten versteckte Eier, so lange die Töchter Marta und Else klein waren.

Johanna Geissmar begann ihr Medizinstudium im Wintersemester 1909 und bestand die "Vorprüfung" am 11. Mai 1912.[48] Die jeweiligen Semesterferien verbrachte sie bei ihrer Mutter in Mannheim. Erst nach ihrem Tode fühlte sie sich frei, für ein Semester (Wintersemester 1913/14) nach München zu gehen. Das Ende ihres Studiums fiel in die turbulente Zeit des Kriegsausbruchs 1914. Alle beruflichen Pläne mußten zurückstehen; in dieser Notzeit wollte Johanna wie alle Deutschen ihre Pflicht erfüllen.

Während die Studenten als Soldaten an die Front gingen, meldete Johanna sich freiwillig zum Lazarettdienst. Am 10. Dezember 1914 schrieb sie an die Universitätsverwaltung: *"Die Unterzeichnete steht im 11. Semester und hat die für das Studium der Medizin nötigen Vorlesungen bereits alle belegt. Sie hat sich seit Ausbruch des Krieges der medizinischen Klinik zu Hilfeleistungen zur Verfügung gestellt und ist durch diese Tätigkeit so ausgefüllt, daß zum Besuch von Vorlesungen keine Zeit frei bleibt. Da sie bis zum voraussichtlich im Frühjahr stattfindenden Staatsexamen das akademische Bürgerrecht zu behalten*

[46] Eintrag auf der Anmeldung für das Wintersemester 1909 - Wohnung bei Landgerichtsrat Jakob Geissmar, Graimbergweg 1 (Archiv der Großherzoglich-Badischen Universität Heidelberg.

[47] *Siehe Martin Green, Else und Frieda - Die Richthofen-Schwestern. (1974) München 1980.*

[48] Studien- und Sittenzeugnis der Universität Heidelberg vom Ende des Wintersemesters 1912/13.

wünscht, bittet sie um Befreiung von der Verpflichtung, Vorlesungen in diesem Semester belegen zu müssen."[49]

Wie Johanna Geissmar engagierten sich selbstverständlich auch ihre Nichte Berta Geissmar und deren Mutter Anna während des Krieges freiwillig im Sanitätsdienst. Wie sehr sich jüdische Menschen damals Deutschland verbunden fühlten, zeigt auch der hohe Blutzoll, den jüdische Angehörige der Armee auf allen Schlachtfeldern des Ersten Weltkrieges zahlten.[50] Das "Credo" des Zentralverbandes der jüdischen Studentenverbindung "Badenia" lautete: "Treue den ethischen Werten des Judentums, *bedingungsloser deutscher Patriotismus,* Gleichberechtigung und Mitarbeit im öffentlichen Leben."[51]

Neben dem freiwilligen Dienst in der Universitätsklinik bereitete Johanna Geissmar sich auf das medizinische Abschlußexamen vor und konnte am Ende des Semesters 1914/15 die Staatsprüfung ablegen. Die Dissertation folgte 1916: Dr. med. Johanna Geissmar[52] blieb bis zum Herbst 1919 als Ärztin im Lazarettdienst. Erst nachdem die größte Not der Versorgung der Verwundeten vorüber war, verfolgte sie eigene Pläne und ging für sieben Monate nach Berlin.[53] Die Stadt war 1919/20 nach dem Zerbrechen der alten kaiserlichen Ordnung ein politischer Unruheherd, in dem extreme politische Kräfte aufeinanderstießen. Wie ein Wetterleuchten drohenden Unheils müssen Dr. Johanna Geissmar die Soldaten vom Freikorps des Generals von Lüttwitz erschienen sein, die am 13. März 1920 mit Hakenkreuzfahnen durch das Brandenburger Tor in die Stadt marschierten, um die Reichsregierung zu stürzen (Kapp-Putsch). Nein, Hitler war noch nicht dabei.

Am 19. April 1920 meldete sich Dr. med. Johanna Geissmar in Heidelberg zurück und bezog eine Wohnung in der Erwin-Rohde-Straße 11a.[54] Sie eröffnete eine Praxis als Kinderärztin und fand bald regen Zuspruch. Eltern aus den bürgerlichen Kreisen kannten sie aus persönlichen Begegnungen im Hause des

---

[49] Schreiben im Archiv der Universität Heidelberg.

[50] *Vgl. Reichsbund Jüdischer Frontsoldaten (Hg.), Die jüdischen Gefallenen des deutschen Heeres, der deutschen Marine und der deutschen Schutztruppen 1914-1918. Ein Gedenkbuch. Mit einem Grußwort des Reichspräsidenten von Hindenburg. Berlin 1932.*

[51] Norbert Giovannini/Frank Moraw (Hg.), Erinnertes Leben. Verlag Das Wunderhorn, S. 150.

[52] Abgangszeugnis der Universität Heidelberg vom 5.2.1915. Dissertation 1916 in Heidelberg (Eduard Seidler, Kinderärzte 1933-1945, entrechtet - geflohen - ermordet. Bonn, S. 260.

[53] Wohnung in Berlin: Lützowplatz (Auskunft im Stadtarchiv Heidelberg) (17.9.1919 - 19.4.1920).

[54] Auskunft des Stadtarchivs Heidelberg.

Bruders, von Theaterbesuchen und Vorträgen und trugen das Lob ihrer Behandlungsmethode in die Familien, wobei betont wurde, wie sie mit ihrer gütigen Art die Kinder für sich einnehmen konnte, so daß diese ihr vertrauten und sich willig behandeln ließen. Frau Doktor machte keinen Unterschied zwischen den Kindern reicher Bürger und denen ärmerer Leute, den Kassenpatienten. Professor Dr. med. Walter Ritter von Baeyer schreibt 1966 rückblickend: *"Frau Dr. Johanna Geissmar war in Heidelberg als Kinderärztin sehr bekannt und hochgeschätzt."*[55] Sie besaß einen großen Patientenstamm und hatte bei bescheidener Lebensführung ein gutes Auskommen.

Am 26. März 1927 zog Dr. med. Johanna Geissmar in die Moltkestraße 6.[56] Dort konnte sie ihren 50. Geburtstag feiern und auf ein Leben zurückblicken, das ihr mehr an Entfaltung im Persönlichen und an Erfolg im Beruflichen gebracht hatte, als sie sich in jugendlichen Jahren hatte erträumen können. Sie war eine hochgeschätzte Kinderärztin und anerkannte Bürgerin der Stadt Heidelberg, und wenn sie auf den weiteren Gang ihres Lebens vorausschaute, konnte sie daran denken, ihr Alter in der Nähe der Geschwister bei häufigen Theaterbesuchen, dem Lesen guter Bücher und geselligem Zusammensein mit Freunden zu verbringen.

Über die Situation der Juden in der Stadt Heidelberg urteilte Rabbiner Fritz Pinkuss zu Beginn seiner Tätigkeit im Jahre 1930, daß er eine weitgehende Integration der Juden im Alltag wie im Wirtschaftsleben konstatierte, so daß sie sich weder im Verhalten noch im Auftreten von nichtjüdischen Bürgern unterschieden.[57] Im Privatleben blieben die Juden - wie alle durch Verwandtschaft oder gemeinsames Schicksal verbundenen Menschen - mehr unter sich. Aber im Geschäfts- und Gesellschaftsleben hielten sich die Juden für in die Heidelberger Gesellschaft integriert. Bezeichnend für diese Haltung dürften die zahlreichen Mischehen zwischen jüdischen und nichtjüdischen Partnern gewesen sein.

Außerhalb der Gesellschaft standen erkennbar die zugewanderten Ostjuden, die auch von den assimilierten Juden kaum akzeptiert wurden. Dieser Situation trugen die Nationalsozialisten zunächst Rechnung, die seit 1930 die Mehrheitsfraktion im Rat der Stadt stellten. Mit Rücksicht auf die liberale Gesinnung der

---

[55] Schreiben von Professor Dr. Walter Ritter von Baeyer im Staatsarchiv Freiburg, Bestand F 196/1, EF 14657.

[56] Auskunft des Stadtarchivs Heidelberg.

[57] Vgl. Udo Wennemuth, "Zur Geschichte der Juden in Heidelberg in der Weimarer Republik", in: Geschichte der Juden in Heidelberg, Buchreihe der Stadt Heidelberg. Heidelberg 1996, S. 356.

Bevölkerung gegenüber Juden und auf allseits geachtete jüdische Gelehrte, Kaufleute und Fabrikanten setzten sie im Rat keine antijüdischen Beschlüsse durch, wenn man vom Verbot des Schächtens von Tieren absieht, das im Februar 1932 erlassen wurde. Das Programm der NSDAP schien für Heidelberg nicht zu gelten. Befürchtungen vor einem politischen Umsturz schienen grundlos. Beunruhigend war nur der Radau-Antijudaismus in den NS-Zeitungen und bei Parteiversammlungen der NSDAP sowie die Parolen auf der Straße. Es mußte sich entsetzen, wer die SA das umgedichtete Heckerlied bei Aufmärschen grölen hörte:

> *"Laßt die Köpfe rollen, laßt die Köpfe rollen*
> *auf dem Kurfürstendamm!*
> *Stoßt die langen Messer, stoßt die langen Messer*
> *in den Judenbauch hinein!*
> *Reißt die Konkubine, reißt die Konkubine*
> *aus dem Judenbett,*
> *schmiert die Guillotine, schmiert die Guillotine*
> *ein mit Judenfett!*
> *Blut muß fließen knüppeldick,*
> *wir sch...en auf die Freiheit der Judenrepublik!"*[58]

Wer den Beschluß des Deutschen Burschenschaftlertages las, nach dem "nur deutsche Studenten "arischer" Abstammung, die sich offen zum Deutschtum bekennen"[59], Mitglieder der Burschenschaft werden konnten und dann noch erfuhr, wie die jüdischen Studentenverbindungen aus den Heidelberger Kneipen hinausgedrängt wurden, dem mußte um das zukünftige Zusammenleben der Menschen in der Stadt bange werden. Die Juden mußten schon in den letzten Jahren der Weimarer Republik mit massiven Verleumdungen leben und sahen sich zunehmenden Bedrohungen ausgesetzt.

Doch das Leben ging weiter, wie etwa der Bericht von Dr. Henri Brunswic aus Heidelberg zeigt.[60] Als Quartaner trat er in den deutsch-jüdischen Wanderbund "Kameraden" ein: *"Ja, durch die Kameraden kam ich in die deutsche Ju-*

---

[58] Käthe Vortriede, Es gibt Zeiten, in denen man welkt. Libelle Verlag, Lengwil/Oberhofen 1999, S. 154.

[59] Norbert Giovannini, "Jüdische Studentinnen und Studenten in Heidelberg", in: Norbert Giovannini, Johannes Bauer, Hans-Martin Mumm (Hg.), Jüdisches Leben in Heidelberg, Wunderhorn Verlag 1992, S. 213.

[60] Norbert Giovannini et al., a.a.O., S. 148ff.

gendbewegung, wie sie sich bei ihrer Tagung auf dem Meißner definiert hatte.[61] *Mit dem Rucksack zog unsere Gruppe von einer Jugendherberge zur anderen. Wir sangen mit Vorliebe Landsknechtslieder: 'Und uns're lieben Frauen vom kalten Bronnen'; auch sangen wir Lieder aus dem Bauernkrieg; mit Radetzky zogen wir nach Italien, womöglich mit Begleitung der Klampfe. Unser Bundeslied hatte folgenden Refrain:*

'Die weiße Möwe fliegt im Wind,
lockt uns zu neuen Taten.
Sie weiß, daß wir die Pimpfe sind
und treu den Kameraden.'

Unser Bundesabzeichen war eine weiße Möwe."[62] Sie schliefen bei Bauern im Heu, wenn sie auf Fahrt gingen, und waren antibürgerlich: nicht tanzen, nicht rauchen, keine langen Hosen, aber aufrichtig, ehrlich, kameradschaftlich, naturverbunden: eine von vielen Gruppen der deutschen Jugendbewegung.

1930 brach die Gruppe unter dem Druck der sich langsam verändernden Zeitverhältnisse auseinander. Einige orientierten sich nach links, die Mehrheit besann sich auf jüdische Traditionen und wanderte Jahre später nach Palästina aus, wo sie zwischen Tiberias und Haifa den Kibbuz "Hasorea"[63] gründeten. Diese Jungen spürten die Veränderung der politischen Verhältnisse früh und fühlten sich bedroht.

Zum gesellschaftlichen Skandal in der Stadt wurde im Sommer 1932 ein Vortrag von Hermann Maas, Pfarrer an der evangelischen Heilig-Geist-Kirche. Sein Auftreten vor der jüdischen Kultusgemeinde nahm die Heidelberger NS-Zeitung "Volksgemeinschaft" zum Anlaß für einen Hetzartikel:

"Wenn ein protestantischer Pfarrer so liberal ist, wie dieser Herr Maas, daß er sich als Redner für den jüdischen Jugendbund eignet und betätigt, dann ist das keine interkonfessionelle Entgleisung mehr, sondern eine Schande... Es ist völlig gleichgültig, zu welchem Thema Herr Maas hier sprach; es ist auch ganz unwesentlich, in welcher Absicht und aus welchen Gründen er den Lockungen

---

[61] Meißner: Meißnerformel, Die programmatische Grundlage der freideutschen Jugend, die am 12.10.1913 auf dem Hohen Meißner verkündet wurde: Leben nach eigener Bestimmung, in eigener Verantwortung.

[62] Norbert Giovannini, a.a.O., S. 150/151.

[63] *Vgl. Paul Siegel, In ungleichem Kampf - Von Köln nach Holland durch Westerbork über Frankreich und Spanien nach Israel 1924-1947. Konstanz 2001.*

nicht widerstehen konnte, statt zur Erbauung suchender Gläubiger zu einer wild klatschenden Mischpoke zu sprechen. Wesentlich ist nur das eine: Herr Stadtpfarrer Maas hatte nicht genügend natürliche Hemmungen, ein solches Ansinnen abzuschlagen."[64]

Ein dummdreister Kommentar zu einem ökumenischen Ereignis: Ein evangelischer Pfarrer spricht vor Jugendlichen der Synagogengemeinde. Wie hätte der Schreiber des Artikels getobt, wenn er gewußt hätte, daß Prälat Maas Kreuz und Menora in seiner Bibliothek friedlich nebeneinander hängen hatte und von dem Tag träumte, "an dem Judentum und Christentum vollständig vereint sein würden."[65] Da Jakob Geissmar im Bezirk der evangelischen Kirchengemeinde "Heilig-Geist" in Heidelberg wohnte, traf der Angriff einen Pfarrer aus der Nachbarschaft. Man kann sich vorstellen, welche Diskussionen dieser perfide Artikel der Heidelberger Zeitung in der ganzen Familie Geissmar ausgelöst hat.

Dr. med. Johanna Geissmar, eine sensible, scharf beobachtende Ärztin, spürte bei Gesprächen mit Patienten die Veränderung im Denken der Menschen. Der Umgang wurde schwieriger. Manche Bekannte zögerten bei einer früher selbstverständlichen Einladung oder flüchtigen Begegnung auf der Straße. Bedurfte es noch eines Beweises für den langsamen Prozeß der Marginalisierung von den jüdischen Menschen schon vor der Machtübernahme der Nazis, so erbrachte ihn für Dr. Johanna Geissmar die Jahresabrechnung der Bezirksärztekammer Nordbaden über Einkünfte aus freipraktizierender Tätigkeit über die Jahre 1931-1933. Innerhalb eines Jahres sank ihr Einkommen um 50%.[66]

Viele Eltern nahmen ihre Kinder unter dem Eindruck der NS-Propaganda von der fachlich hochqualifizierten, kinderfreundlichen Ärztin weg, weil sie Jüdin war, weil die gesellschaftliche Entwicklung auf eine Ausschaltung der Juden hinauslief und weil "arische" Ärzte ihre Arbeit haben wollten. Wie konnte ein "Arier" sich einer Jüdin anvertrauen? Die zierliche, kleine, wohlmeinende Frau Doktor schaute oft mit wehem Herzen in das leerer gewordene Sprechzimmer. Vielleicht dachte sie dabei an die Zerrbilder von jüdischen Menschen, die von der NS-Presse vorgeführt wurden.[67]

---

[64] Norbert Giovannini, a.a.O., S. 111.

[65] Fritz Pinkuss, Lernen, Lehren, Helfen. Heidelberger Verlagsanstalt, S. 36.

[66] Schreiben der Bezirksärztekammer Nordbaden vom 21.6.1966 (Staatsarchiv Freiburg, Bestand F196/1, EF 14657).

[67] Peter Gay, Meine deutsche Frage. München 2. Auflage 1999, S. 79.

Am 30. Januar 1933 berief Reichspräsident Paul von Hindenburg den Führer der NSDAP, Adolf Hitler, zum Reichskanzler des Deutschen Reiches. Was der "Führer" plante, hatte er in seinem Buch 'Mein Kampf' während seiner Haft in Landsberg/Lech geschrieben. Berta Geissmar, Johannas Nichte, hatte das Buch gelesen und war entsetzt: Ein Unheil bricht über uns herein! - Was dachte Johanna Geissmar? Hat sie während der Radio-Übertragung des abendlichen Fackelzuges am 30. Januar 1933 durch das Brandenburger Tor an die Freikorpsformationen gedacht, die schon 1920 unter dem Hakenkreuzbanner zum Putsch in Berlin einmarschierten? Erinnerte sie sich an einen Artikel des "Hakenkreuzbanners" vom Januar 1932: *"Wir werden nicht ruhen noch rasten zu trommeln, bis auch der letzte deutsche Volksgenosse im Juden den Todbringer des Volkes und Staates erkannt hat."*[68] Dachte sie als Ärztin an die jüdischen Kinder, die in den Straßen auf die lackglänzenden Stiefel, die schmucken Uniformen und die brennenden Fackeln schauen mußten, die machtvoll gegen ihre jüdischen Väter und Mütter, gegen sie selbst demonstrierten? Dachte sie an den Schmerz in den Kinderherzen, wenn die SA grölte: *"Dein Vater ist ein Jud', deine Mutter eine Judenhure."* Was immer sie sich ausgemalt hatten an Gehässigem, alles sollte übertroffen werden. Eine ernste Warnung malten die Nazis mit gelber Farbe über ihr Praxisschild: *"Vorsicht! Jüdische Ärztin!"*

Im Januar und Februar 1933 dröhnten die Worte der Judenhetze laut. Es prangten Warnfarben und Warnplakate an den Wänden. Im März 1933 ließen die Führer der NSDAP alle Masken fallen und stürmten gegen Demokraten und Juden. Am 7. März 1933 wurde auf dem Heidelberger Rathaus die Hakenkreuzfahne gehißt. Am 9. März 1933 übernahm der gefürchtete Gauleiter Wagner als Reichskommissar gegen den Protest der Badischen Regierung das Innenministerium und erließ einen Aufruf an das badische Volk: Ich werde "die Ursachen und Urheber unseres gemeinsamen Unglücks (die Juden) von der deutschen Schicksalsgemeinschaft für immer ausschalten."[69]

Am 11. März 1933 gelang es der badischen Regierung, noch um 8.30 Uhr dem römischen Nuntius und um 10.00 Uhr dem Präsidenten der evangelischen Landeskirche die Urkunden über die zwischen den Kirchen und dem badischen Staat abgeschlossenen Verträge zu überreichen. Bei dem anschließenden gemeinsamen Essen von Regierungsvertretern und Kirchenoberen wurde Staatspräsident Dr. Schmitt festgenommen, und Gauleiter Wagner gab bekannt, daß er

---

[68] Hans-Joachim Fliedner, Die Judenverfolgung in Mannheim (Veröffentlichungen des Stadtarchivs Mannheim Bd. 2). Stuttgart, S. 350.

[69] Herbert Hoffmann, Im Gleichschritt in die Diktatur. Frankfurt a.M., S. 139.

kommissarisch die Regierungsgewalt in Baden übernehme. In Heidelberg schwärmten die braunen Bataillone aus und hißten auf öffentlichen Dienststellen, Kasernen und der Universität die Hakenkreuzfahne.

Am 12. März 1933 stürmten Einheiten der SA das "Volkshaus", in dem die freien Gewerkschaften ihre Büros eingerichtet hatten, und verhafteten Funktionäre der Gewerkschaften und der SPD. Oft beendete eine feierliche Flaggenhissung die Besetzung des Gebäudes, so daß die SA-Leute das Gefühl haben konnten, Gebäude um Gebäude sei im Straßenkampf erobert worden.[70] - Nachdem der Zorn der "Braunen" sich gegen die innenpolitischen Gegner ausgetobt hatte, wandte er sich gegen die "Rassen-Gegner", die Juden. Die bisher vereinzelten Übergriffe wurden durch den Boykottaufruf der Gauleitung der NSDAP am 1. April 1933 zu einem Flächenbrand:

> *"Ab heute Boykott*
> *Boykottabzeichen: Gelber Fleck auf schwarzem Grund*
> *Achtung! Schlag 10.00 Uhr beginnt der Abwehrboykott*
> *gegen die internationale jüdische Greuelhetze ...*
> *Boykottiert alle jüdischen Geschäfte!*
> *Kauft nicht in jüdischen Warenhäusern!*
> *Geht nicht zu jüdischen Rechtsanwälten!*
> *Meidet jüdische Ärzte!*
> *Die Juden sind unser Unglück! ..."*[71]

Jüdische Warenhäuser und Einheitspreisgeschäfte, die der Bevölkerung gute Waren billig anboten, wurden bestreikt. "Unreelle Konkurrenz jüdischer Großschieber", tönte die Propaganda und verschwieg, daß es um die Ausschaltung jüdischer Konkurrenz ging, die mit ihren Warenhäusern moderne Vertriebsmethoden erfolgreich nutzte. Der "Stürmer" brachte zum Boykottag ein typisches NS-Propagandabild von zwei Kindern, "einem Bub und einem Mädel von 'jüdischem Aussehen'. Darunter stand: 'Würdest du diese kleinen Juden vor einem dahinsausenden Auto retten? Bedenke, daß in ihnen schon der ganze jüdische Satan steckt, der dich eines Tages verschlingen möchte.'"[72]

---

[70] *Vgl. Arno Weckbecker, Die Judenverfolgung in Heidelberg 1933-1945. Heidelberg 1985.*

[71] Paul Sauer, Dokumente, 1. Teil, Stuttgart 1966, S. 8.

[72] Käthe Vortriede, a.a.O., S. 104.

"Am 7.4.1933 leitete das "Gesetz zur Wiederherstellung des Berufsbeamtentums" die Entfernung jüdischer Richter aus dem Dienst ein. So wurde verhindert, daß Jakob Geißmar eine für seinen Dienstherrn ehrenvolle Beendigung der Richterlaufbahn durch die ohnehin bald anstehende planmäßige Pensionierung erlebte. Den kurzen Vermerken in den Akten läßt sich auf den ersten Blick nicht das Leid, die Undankbarkeit, Ungerechtigkeit und Würdelosigkeit anmerken, welche hinter dem Verwaltungsvorgang stehen: - Am 30. März 1933 teilt der "Beauftragte des Reichskommissars" für den Justizminister mit, der von Jakob Geißmar durch den Herrn Landgerichtspräsidenten in Heidelberg fernmündlich erbetene Urlaub sei bis auf weiteres bewilligt. Am 21. April 1933 legte der Landgerichtspräsident das schriftliche Gesuch um Versetzung in den Ruhestand vor. Am 6. Mai 1933 teilt der Beauftragte des Reichskommissars, nunmehr für den Minister für Kultus, Unterricht und Justiz mit, das Staatsministerium - der Beauftragte des Reichs - habe mit Entschließung vom 29. März beschlossen, Jakob Geißmar in den Ruhestand zu setzen."[73]

Wie verstört manche Menschen in den ersten Apriltagen 1933 waren, zeigt ein Bericht von Rabbiner Pinkuss. Er hielt wie gewohnt am 1. April 1933 seinen Erev-Schabbat-Gottesdienst. Auf der Straße begegnete er Professor Gustav Radbruch, dem die Tränen in den Augen standen: "Pinkuss, ich bin immer stolz auf das deutsche Volk gewesen, ich habe mir nie vorstellen können, daß es eines Tages zu so viel Ungerechtigkeit und Grausamkeit fähig wäre, wie ich heute gesehen habe."[74] Professor Radbruch war eine stadtbekannte Persönlichkeit, kein Jude, sondern ein moralisch denkender Mensch.[75]

In der folgenden Nacht kamen Dutzende angsterfüllter Menschen zu Rabbiner Pinkuss mit der Bitte um Hilfe für die Ausreise; er berichtete nach dem Krieg: *"Die meisten jungen Leute waren nicht im Besitz der notwendigen Ausweispapiere. Doch es war mir auch schon gelungen, mit der Polizei an der französischen Grenze ein Übereinkommen zu treffen, wonach die Ausweise, die ich ausgestellt hatte, als gültig angesehen werden sollten. Und dann fälschte ich in jener bewegenden Samstagnacht zum ersten und einzigen Mal in meinem Leben Dutzende von Ausweisen, um das Leben junger Menschen zu retten."*[76]

---

[73] Günter Zöbeley, "Ein dunkles Kapitel." In: Landgericht Heidelberg (Hg.), 100 Jahre Landgericht und Staatsanwaltschaft Heidelberg 1899-1999. Heidelberg 1999, S. 30 (hier mit freundlicher Erlaubnis des C.F. Müller Verlags, Heidelberg, vom 16.3.2001).

[74] Fritz Pinkuss, a.a.O., S. 31.

[75] Prof. Dr. Gustav Radbruch (1878-1949), Jurist, Politiker, Professor in Heidelberg, ab 1910 in Königsberg, ab 1914 in Kiel; SPD-Reichstagsabgeordneter, 1921/22 u. 1923 Reichsjustizminister; 1933 entlassen.

[76] Fritz Pinkuss, a.a.O., S. 33.

Der Boykott der jüdischen Geschäfte wurde schon am 2. April 1933 abgesagt, weil die Versorgung der Bevölkerung empfindlich gestört war. Aber die erlittene Demütigung blieb in den Herzen der Betroffenen und belastete das Leben jüdischer Menschen, zumal die Parteipropagandisten den Haß gegen Juden beständig schürten. Wer eine jüdische Freundin hatte, der konnte einschlägige Berichte lesen, garniert mit Zoten und lüsternen Anspielungen.

Ein Aufruf vom 27. März 1933 mußte Dr. Johanna Geissmar besonders kränken: *"Deutsche Mädchen! Ihr seid die Hüterinnen des deutschen Blutes und die Wahrerinnen der deutschen Ehre! Wahrt sie! Bleibt weg von den Juden! Meidet sie wie die Pest! Deutsche Mütter! Klärt eure heranwachsenden Töchter auf, es ist eure Pflicht! Vermeidet es, daß eure Töchter in Warenhäusern, den Brutstätten der von Juden gewollten Unzucht, dem Juden und seinen Schlichen unterliegen. Ihr tut damit ein gutes Werk am deutschen Volk!"*[77]

Mußte nicht Dr. Johanna Geissmar fürchten, Opfer einer Denunziation zu werden, wenn die Behandlung eines Kindes nicht so verlief, wie eine "arische" Mutter sich das vorstellte? Das berufliche Umfeld der jüdischen Ärztin änderte sich. Mißtrauen zog in die Praxis ein, und in den Diensträumen der Behörden, die sie aufsuchen mußte, drohten Spruchtafeln mit Zitaten aus Hitlers 'Mein Kampf': *"Der Jude ist und bleibt der typische Parasit, ein Schmarotzer, der wie ein schädlicher Bazillus sich immer mehr ausbreitet, sowie nur ein günstiger Nährboden dazu einlädt."*[78]

Bekannte Gesichter in den Amtsstuben verschwanden, und Parteigenossen traten an ihre Stelle. Am 27. April 1933 wurde die gesamte Leitung der Heidelberger Ortskrankenkasse entlassen und durch Parteigenossen ersetzt. Zwei Tage später traf bei Dr. Geissmar ein Schreiben des zuständigen Staatskommissars ein: *"Zur Abwehr der internationalen Greuelpropaganda gegen Deutschland verfüge ich, daß in ganz Baden die jüdischen Ärzte von ihrer Tätigkeit bei Krankenkassen und Fürsorgeverbänden mit sofortiger Wirkung ausgeschlossen werden..."*[79]

Das war das Aus für die ärztliche Praxis von Dr. Johanna Geissmar. Hätte sie reiche Selbstzahler behandelt, wäre ihre weitere berufliche Existenz trotz des schikanösen Vorgehens des badischen Gauleiters Wagner in bescheidenem Rahmen gesichert gewesen. Doch der Stamm ihrer Patienten gehörte zu den

---

[77] Herbert Hoffmann, a.a.O., S. 188.

[78] Paul Sauer, Dokumente, Band 1, a.a.O., S. 86.

[79] Herbert Hoffmann, a.a.O., S. 155/156.

Ärmeren im Lande. Nun war sie 55 Jahre alt und wurde mit einem Federstrich aus ihrem Beruf gewiesen, "nur" weil sie Jüdin war.

Dr. Johanna Geissmar gab auf, verließ Heidelberg, wo sie 24 Jahre gelebt und gearbeitet hatte. Am 24. August 1933[80] meldete sie sich beim Einwohnermeldeamt der Stadt ab und zog nach Bärental (Feldberg) in den Schwarzwald. Mit dem Abschied von Heidelberg ging für Dr. Johanna Geissmar ein lange Zeit glücklicher Lebensabschnitt zu Ende. Herausgerissen aus der vertrauten Umgebung, fern von Verwandten und Freunden, arbeitslos, sah sie einer ungewissen Zukunft entgegen.

Dr. Johanna Geissmar als Verfolgte im Schwarzwald

Als Dr. med. Johanna Geissmar 1933 aus Heidelberg gehen mußte, entschied sie sich für ein Leben im Schwarzwald. Noch war der Weg ins Ausland frei, wenn auch mit sehr begrenzten Möglichkeiten. Die offizielle Politik der Regierung des Deutschen Reiches gegenüber den Juden faßte die Propaganda in dem Satz zusammen: *"Juden raus aus Deutschland!"* Die Auswanderungsbestimmungen erlaubten die Ausfuhr von Geld, die Mitnahme der eigenen Möbel und den Verkauf von Häusern und Fabriken. Allerdings wurde die "Reichsfluchtsteuer" fällig: 20% von allem, umsonst ließ das Deutsche Reich die Juden nicht ziehen.

Warum blieb Dr. Johanna Geissmar in Deutschland? Träumte sie - wie manche anderen - davon, daß die Naziherrschaft nach kurzer Zeit zusammenbrechen würde? Wollte sie in der Nähe ihrer Verwandten bleiben? Dachte sie wie ein Überlebender des NS-Terrors, der 1999 niederschrieb, warum seine Familie sich für ein Verbleiben in Deutschland entschied:

"Was den Blick auf die kommenden Ereignisse am nachhaltigsten behinderte, war zweifellos der Wahn, der Hitlers Programm anhaftete. 'Alles steht doch in Mein Kampf': so ging lange Zeit die Litanei unserer Verleumder, die ohne die geringste Ahnung, was es bedeutet, die Heimat zu verlassen, und wie schwer es war, die Signale zu deuten - mir und meinen Eltern vorwarfen, daß wir nicht am 30.1.1933 die Koffer gepackt und am nächsten Tag das Land verlassen hatten. Aber Hitlers Drohungen waren so unfaßlich, daß wir in ihnen keine vertrauenswürdige Orientierung für zukünftiges Handeln erblicken konnten. Sie waren

[80] Auskunft im Stadtarchiv Heidelberg.

buchstäblich unglaublich. Immerhin war Deutschland ein hochzivilisiertes Land."[81]

Am 24. August 1933[82] hatte sich Dr. Johanna Geissmar in Heidelberg abgemeldet. Bevor sie zur Wohnungssuche in den Schwarzwald ging, verbrachte sie noch drei Monate nahe ihren Brüdern Jakob und Friedrich Geissmar in der vertrauten Umgebung der Städte Heidelberg und Mannheim; denn in Bärental/Feldberg traf sie erst am 13. November 1933 ein.[83] Sie nutzte die Tage bis zum 18. November 1933 zur Quartiersuche und bezog dann eine Wohnung in Falkau.[84] Im Herbst 1935 bot sich ihr eine günstige Gelegenheit in Saig: ein Haus in herrlicher Südlage. Eigentümerin war Käthe Victorius, eine Jüdin, die in Basel eine neue Heimat suchte und ihrer Mieterin ein sicheres Zuhause bieten wollte.

Saig - ein bezaubernder Ort. Auf der Südflanke des Hochfirst (1196 m) drückt sich ein Tal muschelförmig in den Berg und sammelt an guten Tagen wohltuende Sonnenwärme und strahlende Helligkeit. Ein Ort zum Wohlfühlen, ein bäuerlicher Ort mit alten Höfen, die mit niedergezogenem Dach den Menschen auch in kalten Wintern Geborgenheit versprachen. Als Dr. Johanna Geissmar am 10. Oktober 1935[85] das Haus Nr. 44, heute Hochfirstweg Nr. 26, bezog, hatte sie bereits seit Jahren den heimeligen Ort in den Ferien besucht. Die Glocken der alten Wallfahrtskirche "Johannes der Täufer" unterbrachen dreimal täglich die Stille des Dorfes. Traditionell waren die Saiger katholisch, wenn auch die neuere Zeit Menschen anderer Konfessionszugehörigkeit in den Ort geführt hatte.

Carl Maier, Pfarrer in Saig von 1927 bis 1937, schrieb 1937 in seinem Buch über 'Dorfseelsorge': *"Noch sind allgemein die Dorfwelt und die ländlichen Lebensgewohnheiten stark mit christlichem Geist gesättigt und von ihm getragen, noch ist überall die gelebte Religion für die Kinder sichtbar... Daher gibt es im Dorf eigentlich recht selten ganz ungläubige Menschen."*[86] Saig, ein katholisches Dorf, in dem eine Jüdin Zuflucht suchte.

Dr. Johanna Geissmar erlebte den Wechsel von der großen lebendigen Stadt Heidelberg in das kleine Dorf Saig wie eine selbstgewählte Verbannung: keine

---

[81] Peter Gay, Meine deutsche Frage. München 1999, S. 130.

[82] Auskunft im Stadtarchiv Heidelberg.

[83] Fremdenbuch der Gemeinde Bärental.

[84] Fremdenbuch der Gemeinde Falkau 1931-1947; beide Fremdenbücher sind heute im Besitz der Gemeinde Feldberg-Altglashütten.

[85] Fremdenbuch der Gemeinde Saig.

[86] Carl Maier, Dorfseelsorge. Freiburg/Br. 1937, S. 154-155.

Arbeit, kaum Gäste und keine häuslichen Feste. Nur Stille ums Haus und Einsamkeit, Alleinsein und die vielen fremden Geräusche der Nacht. Das bäuerliche Leben ging an ihr vorbei.

Die Menschen im Dorf wollten unter sich sein. Die einzelnen Höfe betrieben Selbstversorgerwirtschaft. In den niederen Lagen bauten die Landwirte Roggen und Hafer an, weiter oben lagen die Wiesen für das Vieh und der Wald für das Holz, das man zum Bauen und Heizen benötigte. Im Dorfladen wurden Salz, Zucker, Petroleum u.a. gekauft. Gelegentlich fuhr man nach Neustadt und besorgte, was man sonst noch brauchte.

Die Tage waren voll harter Arbeit. Um 5 Uhr morgens standen die Bauersleute zum Melken auf, um 6 Uhr gab es als Frühstück "Brotsuppe mit etwas Schmand"[87], um 9 Uhr ein Butterbrot und zum Mittag Kartoffelbrei mit Speck, dessen Reste zum Abend mit Brot gegessen wurden. Sogar "Kaffeebohnen" brannte die Bäuerin aus Gerstenkorn. Die Arbeit in Feld und Wald war Männersache, zur Erntezeit mußten die Frauen helfen. So war das Leben, es stand unter dem Gesetz der Tradition, so war es immer, auch unter dem Diktat des Klimas.

In der bäuerlichen Kultur hatte der Krieg 1914-1918 Risse hinterlassen, und die Inflation 1929 hatte - wie überall in Deutschland - Not in den Schwarzwald gebracht. Viele Saiger waren verarmt, die Inflation hatte das Geld aufgezehrt. Die Bauern fanden keine Käufer für Kartoffeln und Milch und stellten keine Arbeitskräfte ein. Bei den Arbeitslosen fehlten Brot und Milch für die Kinder und Geld für den abendlichen Stammtisch. Um die größte Not zu lindern, wies die Gemeinde Bauland aus, damit wenigstens einige Handwerker wieder arbeiten konnten. Feriengäste, die am Ort Gefallen gefunden hatten, stellten Bauanträge.

Eine der ersten war Käthe Victorius, die in Freiburg studiert und es wunderschön gefunden hatte, sich gemeinsam mit ihrer Freundin für das Wochenende eine Wohnung auf dem Bauernhof in Saig zu mieten. Da es ihr gut gefiel, nutzte sie das Angebot der Gemeinde. Sobald sie sich beruflich etabliert hatte, reichte sie einen Bauantrag ein und ließ das Haus Nr. 44 bauen, das sie 1935 an Dr. Johanna Geissmar vermietete.

Nicht weit von diesem Haus entfernt baute Professor Gerhard Ritter ein Ferienhaus. Er hatte in der Inflation 1923 Geld verloren und wollte den Familientraum verwirklichen: ein Haus im Schwarzwald - bevor die Ersparnisse wieder entwertet würden. Zufällig machte die Familie 1928 Urlaub bei Frau Kramer in Saig. Professor Ritter kam mit Adolf Morath ins Gespräch, der den Hof geerbt

[87] Die Milch blieb über Nacht stehen, am anderen Morgen wurde das Fett abgeschöpft als "Schmand".

hatte und nun die Geschwister auszahlen mußte. Da kam ihm ein Käufer für ein Grundstück gerade recht, beide wurden handelseinig. Professor Ritter baute, und sein Sohn Frido erinnert sich noch heute an die herrlichen Ferien und Wochenenden: "Bei Morath waren wir zu Hause. Ich habe gelernt, Heu zu mähen, den Wagen zu be- und entladen. Beim Kartoffeleinbringen haben wir geholfen. Ein uraltes Pferd wurde mit Kühen zusammen eingeschirrt und zog den Wagen heim." Das "Ritter-Haus" steht noch heute.[88]

Die NSDAP spielte bis zum 30. Januar 1933 im Saiger Dorfleben keine große Rolle. Als im Dezember 1932 die NSDAP-Ortsgruppe Neustadt auf dem Kirchplatz in Saig für eine "germanische Weihnachtsfeier" im Neustädter Hof warb, hatte sie keinen Erfolg. Die Saiger gingen nicht hin, sondern feierten traditionell zu Hause. Die Einstellung mancher Saiger zur NSDAP änderte sich nach der Ernennung Adolf Hitlers zum Reichskanzler am 30. Januar 1933. Hitler trat als Hoffnungsträger für verarmte Bauern und arbeitslose Handwerker auf. Auch die Menschen in Saig sahen nach dem Elend der letzten Jahre eine neue Chance. Und als gute Katholiken glaubten sie zu wissen, daß man der "von Gott gesetzten Obrigkeit" gehorchen muß.

Als der "Abgesandte des Führers", NS-Parteipropagandist Dr. Vogel aus Grafenhausen, im Februar 1933 sein Erscheinen ankündigte, versammelte sich eine größere Zuhörerschar. Die "NS-Bauernschaft" und eine "Sturmabteilung" (SA) wurden gegründet. Wer beitrat, dem wurde Arbeit versprochen. 15-20 Mann schrieben sich in die Mitgliedsliste der SA ein und bekamen Arbeit als Waldarbeiter. Was die Neumitglieder interessierte, war das Brot auf dem Tisch für Frau und Kinder, das wärmende Dach über dem Kopf in kalter Winterszeit und ein kleines Taschengeld für das Vergnügen, den Arbeitstag mit Freunden und Bekannten am Stammtisch bei einem Glas Bier zu beschließen. Die große Politik war nicht ihre Sache. Das sollten "die da oben" machen, die Politiker, die Minister, die Bischöfe.

Als dann Hitler am 23. März 1933 bei der Verabschiedung des Ermächtigungsgesetzes in seiner Regierungserklärung verkündete: "Die nationale Regierung sieht in den beiden christlichen Konfessionen wichtigste Faktoren zur Erhaltung unseres Volkstums"[89], und als die deutsche Bischofskonferenz ihre früheren Verbote und Warnungen vor dem Nationalsozialismus aufhob, da traten noch weitere junge Männer der SA bei.

---

[88] Informationen von Dekan i.R. Frido Ritter.

[89] Zit. nach Monika Kringels-Kemen u. Ludwig Lemhöfer (Hg.), Katholische Kirche und NS-Staat. Verlag Josef Knecht, Frankfurt a.M. 1981, S. 19.

Die zensierten und gleichgeschalteten Zeitungen brachten tagtäglich Erfolgsmeldungen aus dem "Wirtschaftskampf", dem "politischen Kampf" und Hetzartikel gegen die Juden. Die Bauern wurden in der NS-Propagandasprache zu "Soldaten der Arbeit". Adolf Hitler war allgegenwärtig. Wenn eine Brücke eingeweiht wurde, meldete die Zeitung: "Das verdanken wir dem Führer!" Ein Schiff lief vom Stapel: "Dank dem Führer!" Ein Zeppelin flog nach Amerika: "Das verdanken wir dem Führer!" Wenige sahen durch den Propagandanebel noch die Wirklichkeit: Wachsende Staatsverschuldung und vor allem Kriegsvorbereitung!

Als Dr. Johanna Geissmar am 10. Oktober 1935 nach Saig zog, erreichte die Hetze gegen die Juden im Deutschen Reich einen neuen Höhepunkt: "Der Jude ist die Spinne, die dem Volk langsam das Blut aus den Adern saugt, ist ein Parasit im Körper anderer Völker."[90] Mitte September 1935 hatte die NSDAP in Nürnberg den "Reichsparteitag der Freiheit" zelebriert. Eine uniforme Masse stand vor "dem Führer" auf dem "Parteitag der Freiheit" und hörte das böse Urteil für die Juden, das im "Reichsbürgergesetz" und im "Gesetz zum Schutz des deutschen Blutes und der deutschen Ehre" verkündet wurde.

Das Gesetz traf auch Dr. Johanna Geissmar. Nur wer das "rechte Blut" hatte, durfte "Träger der vollen Rechte" sein. Sie war nicht mehr Bürgerin, sondern nur noch "Staatsangehörige" (Reichsbürgergesetz § 2,1), die außerhalb der "deutschen Volksgemeinschaft" stand. Die Nürnberger Gesetze sollten den Volksgenossen klarmachen, daß es ihre Pflicht sei, sich von Juden fernzuhalten.

Der Saiger Lehrer bekam einen neuen Unterrichtsplan für das Fach Naturkunde. Nach diesem Plan sollte er den Kindern beibringen, wie "schöpferisch und tüchtig, edel, hilfsbereit und wahrheitsliebend"[91] die "Arier" sind und wie wenig liebenswert die Juden... Um Christen für seine Judenfeindschaft zu begeistern, "predigte" Adolf Hitler manchmal wie ein Pfarrer: "So glaube ich heute im Sinne des allmächtigen Schöpfers zu handeln: *Indem ich mich des Juden erwehre, kämpfe ich für das Werk des Herrn."*[92] (Im Original gesperrt)

Die NS-Propaganda zog einen Zaun der Verleumdung um die Juden. In Neustadt war Kreisleiter Benedikt Kuner ein bekannter Judenfeind, der in seinen

---

[90] Eugen Kogon, Ideologie und Praxis der Unmenschlichkeit. Quadriga Verlag, Weinheim u. Berlin 1995, S. 135.

[91] Josef Werner, Hakenkreuz und Judenstern. (Hg. Stadt Karlsruhe Stadtarchiv) Karlsruhe 1988, S. 123.

[92] Adolf Hitler, Mein Kampf, Kap.-Ende "Wiener Lehr- und Leidensjahre", 185.-187. Auflage 1936; Eugen Kogon, a.a.O., S. 139.

Ortsgruppen auf engagierte Ausgrenzung der Juden drängte. In Saig schlossen nur einzelne Beherbergungsbetriebe ihre Türen für jüdische Gäste. Die Mehrzahl der Gasthäuser, Pensionen und Privatanbieter bot weiterhin Juden Quartier, soweit sie in den Anfangsjahren des Dritten Reiches noch kamen.

Dr. Johanna Geissmar hatte bei keinem Beherbergungsbetrieb angeklopft, um Gast auf Zeit zu sein. Sie hatte ihren festen Wohnsitz in Saig genommen. Wenn sie zu Fuß über die sandigen Wege des Ortes zum Kaufladen Wangler ging, wo sie das für das tägliche Leben Notwendige erstehen konnte, begegnete die kleine, zierliche Frau manchmal Kindern, die sich über die Fremde wunderten und zu Hause fragen mochte: "Wer ist diese kleine Frau?" Es wurde bekannt im Ort, daß Dr. Johanna Geissmar Jüdin war.

Manche wurden vorsichtiger im Umgang mit ihr, denn sie hatten ja schon im Religionsunterricht gelernt, daß die Kirche "keinen vertraulichen Umgang" mit Juden wünsche und deshalb "kluge Gesetze" erlassen habe: nicht mit ihnen in einem Haus wohnen, nicht bei ihnen in Dienst treten, ihnen keine öffentlichen Ämter übertragen.[93] Absolute Separierung von Juden und Christen. Zulässig war nur geschäftlicher Kontakt, wo nötig. Zwar hob das Kirchenrecht von 1918 diese Bestimmungen auf, aber so schnell verlor sich der Einfluß dieser diskriminierenden Bestimmungen nicht, Berührungsängste blieben.

Um Dr. Johanna Geissmar wurde es einsamer. Nur einzelne wagten sich aus der allgemeinen Reserviertheit heraus. Eine Bäuerin aus der Nachbarschaft hielt Kontakt. An jedem zweiten Tag schickte sie ihre kleine Tochter mit einer Milchkanne hinüber. Mit staunenden Augen sah das Mädchen die wunderschönen Möbel und die vielen Bücher im Haus. Manchmal saß Dr. Johanna Geissmar mit einer älteren Frau am Tisch.[94] Bei kalter Witterung hatten beide Frauen eine wärmende Decke um die Knie geschlagen. Verwundert blickte das junge Mädchen auf die ungewohnte Ausstattung der Wohnung und auf die beiden freundlichen Menschen[95], die sie niemals entließen ohne ein gutes Wort und ohne ein Bonbon oder ein Stückchen vom selbstgebackenen Kuchen. Mutter verstand bald, warum die Tochter so gern zum "Judenhäusle" ging.

Wenn Dr. Johanna Geissmar mit dem Fahrrad nach Lenzkirch fuhr, ging es die Steige hinunter. Kurz vor der Einmündung in die Freiburger Straße lag ein kleiner Bauernhof, in dem die Ärztin auf dem Rückweg einkehrte. Die Bäuerin

---

[93] Olaf Blaschke, Katholizismus und Antisemitismus im Deutschen Kaiserreich. Göttingen 1999, S. 115.

[94] Die ältere Frau wurde von mehreren Personen gesehen, ihr Name ist jedoch unbekannt.

[95] Dr. Johanna Geissmar hatte wenigstens zeitweise eine nichtjüdische Hausgefährtin.

zog sich manchmal mit der Besucherin ins Haus zurück und wies die Kinder nach draußen. Sie sollten nicht mitbekommen, was die Eltern in Schwierigkeiten bringen konnte. Neugierige Kinder erfahren jedoch mehr, als vorsichtige Erwachsene ahnen. So wußten die Kinder genau, daß Mutter der Frau frische Milch zu trinken gab und auch das eine oder andere zu essen zusteckte, wenn sie auf dem Heimweg vom Einkauf bei Emilie Herr im kleinen Gemüse- und Obstladen hinter der St. Nikolaus-Kirche in Lenzkirch zurückkam.

Dem Fahrrad widmeten die Buben große Aufmerksamkeit, denn es hatte einen hohen Rahmen und ein Schutzblech über der Kette, so daß die Kleider nicht in die Kette geraten konnten: ein "Holländerrad". Einen Vorfall beim Besuch der fremden Dame haben die Kinder bis ins hohe Alter nicht vergessen. Der Älteste der Buben konnte eines Tages seine Neugier nicht bezähmen. Als Dr. Johanna Geissmar mit der Mutter hinter der Tür (die im unteren Drittel einen Hühnerdurchlauf hatte) verschwunden war, steckte er seinen Kopf durch dieses Hühnerloch, um genauer zu sehen, was da Geheimnisvolles geschah. Er sah eine hemmungslos weinende Frau, die bei seiner Mutter Trost suchte. Blitzschnell zog er seinen Kopf zurück. Das hatte er noch nicht erlebt, daß eine erwachsene Frau weinte.

Es kam eine Zeit ständiger Schikane für Dr. Johanna Geissmar. 1935 mußte sie sich in die "Judenkartei" eintragen lassen, die vierteljährlich von der Gestapo kontrolliert wurde. 1938 mußte sie auf einem ausgeklügelten Vordruck detailliert alle Vermögenswerte deklarieren. Tief getroffen hat die engagierte Ärztin, daß ihr am 25. Juli 1938 - wie allen jüdischen Ärzten - die Approbation zum 30. September 1938 entzogen wurde. Sie durfte sich nicht mehr Ärztin nennen.[96]

Obwohl sie nicht mehr zur Heilung "arischer" Personen zugelassen war, klopfte es manchmal nachts bei ihr, wenn eine verzweifelte Mutter für ein krankes Kind Hilfe suchte. Daß sie sich im Oktober 1938 auf den Weg zum Amt machen und in ihren Paß ein rotes "J" stempeln lassen mußte, dürfte sie weniger gekränkt haben. Im Januar 1939 mußte sie den Vornamen "Sara" in ihren Aus-

[96] Prof. Dr. med. Eduard Seidler schrieb am 6.11.2000: "KrankenbehandlerIn durften sich nur diejenigen jüdischen Ärzte nennen, die von der Behörde für die Behandlung jüdischer Patienten ad personam eingesetzt waren; die anderen mußten nach dem Entzug der Approbation 'ohne Beruf' schreiben. Auffälligerweise gab sich Frau Dr. Geissmar im Reichsmedizinal-Kalender als Kinderärztin in Saig an; auch hat sie in der Ausgabe von 1937 weder den Vermerk 'praktiziert nicht', noch ist sie mit dem beschämenden Doppelpunkt als Jüdin gekennzeichnet." (Zitat aus einem Schreiben von Prof. Dr. med. Eduard Seidler, Freiburg, an den Verfasser).

weis eintragen lassen: Dr. Johanna "Sara" Geissmar! Für jeden Polizisten auf der Landstraße war bei der Ausweiskontrolle erkennbar: Eine Jüdin...!

Die ständigen Verleumdungskampagnen in den Lokalzeitungen und auf den örtlichen Parteiversammlungen träufelten das Gift des Judenhasses in das Denken der Menschen, manche Traditionsvereine stimmten in die Parteihetze gegen die Juden ein. Als "großes Ereignis der Hochschwarzwälder Fasnet" für 1938 kündigte eine Narrenzunft den "Judenkongreß" in ihrer Stadt an. Aufgeboten wurden: *"ostgalizische Judentypen, eine Schiffsladung Börsenjobber, ehemalige Systemgrößen wie Prof. Einstein, Richard Tauber, Thomas Mann; eine Arche, die eine Altmaterialsammlung in Rabbinern abladen wird, ein hochorigineller Tanz der jüdischen Hochfinanz um den Geldsack."* Der Berichterstatter der Zeitung behauptet, *"daß vom Setzling bis zum Mummelgreis die ganze Einwohnerschaft mit an der Strippe zieht"*, und höhnt: *"Das Feldgeschrei der Jüden hallt heute schon in Stadt und Land: 'O waih geschrien, Gott der Gerechte! Uns armen Jüden geht's bald schlechte. Kein Mensch will mehr von uns was wisse; Komm, Sara - leben, s'isch besch..."*[97] Der Spott über jüdische Menschen landauf, landab bereitete den Boden für die verbrecherische Gewalt, welche die Parteiführer gegen die Juden einsetzen wollten.

Zum reichsweiten Pogrom kam es nach dem Attentat des 17-jährigen Herschel Grynszpan auf den Legationssekretär Ernst vom Rath in der deutschen Gesandtschaft zu Paris am 7. November 1938. In der Nacht vom 9. zum 10. November 1938 brannten in Deutschland 191 jüdische Gotteshäuser, wurden über 7.000 jüdische Geschäfte zerstört und 35 Juden getötet, 36 schwer verletzt, über 30.000 Männer in Konzentrationslager eingeliefert.[98]

In Saig gab es keine öffentliche Volkswut, die sich gegen Juden richtete. Wohl aber wagte sich heimlicher Judenhaß hervor. Die ganze Nacht wurde Dr. Johanna Geissmar terrorisiert. Mit Stöcken knallten junge Burschen gegen die Hauswand und schlugen auf die Fenster, so daß Scheiben zersprangen. Sie saß verängstigt im Haus, fand keinen Schlaf, niemand kam ihr zu Hilfe. Erst der nächste Morgen erlöste die verzweifelte Frau aus ihrer Situation. Sie floh weinend zu Erika Schwoerer, um sich bei ihr zu beruhigen und Trost zu finden.

Erika Schwoerer stammte aus einer hochangesehenen Familie. Geheimrat Dr. h.c. mult. Viktor Schwoerer[99], ihr Vater, war bis 1933 1. Vorsitzender der Hoch-

[97] Der Alemanne, Berichte vom 24.2., 26.2. und 1.3.1938.

[98] *Vgl. Erhard Roy Wiehn, Schriften zur Schoáh und Judaica. Konstanz 1992, S. 107ff.*

[99] Wirklicher Geheimrat Dr. h.c. mult. Viktor Schwoerer bekleidete folgende Stellungen: Leiter der Hochschulabteilung im Badischen Ministerium des Kultus und Unterrichts; 1. Vorsit-

schulkonferenz der deutschen Länder und 2. Vorsitzender der Berufungskonferenz für Professoren an den Universitäten, und der Ruf der Heidelberger Universität war auch seiner Umsicht zu verdanken. Die Nationalsozialisten nahmen ihm übel, daß er sich für die Berufung hochqualifizierter jüdischer Gelehrter eingesetzt hatte. Seine Tochter Erika, ausgebildete Säuglings- und Kinderschwester, war Sekretärin des Badischen Landesverbandes für Fürsorgerinnen und Kinderschwestern und Referatsleiterin im Badischen Wohlfahrtsverband. Ihre Dienststelle lag im Karlsruher Kinderkrankenhaus, dessen Direktor, Professor Franz Lust, jüdisch, ein von Ärzten sehr geschätztes Buch über Kinderheilkunde geschrieben hatte.

Als der Badische Wohlfahrtsverband 1935 aufgelöst wurde, verlor Erika Schwoerer ihre Stellung und mußte wegen ihrer Zusammenarbeit mit Professor Lust Racheaktionen der Nationalsozialisten fürchten. Ihr wurde eine Äußerung des badischen NS-"Ärzteführers" Pachheiser zugetragen, daß man sie am nächsten Baum aufhängen werde, wenn sie nicht verschwinde. Erika Schwoerer nahm Gedanken ihres Onkels mütterlicherseits, Dr. med. Carlos Turban, auf, der das erste TBC Hochgebirgssanatorium in Davos gegründet hatte. Sie suchte im Schwarzwald einen Platz, an dem Kinder Linderung bei Atemwegserkrankungen finden konnten, und fand ihn in Saig. Da sie Beamtin auf Lebenszeit war, hatte sie Anrecht auf eine Abfindung und ließ mit diesem Geld, unterstützt von ihrem Vater, Professor Schwoerer, das "Kindererholungsheim Schwoerer" in Saig bauen.

Erika Schwoerer war eine resolute Frau. Mit fester Hand führte sie die Kinder bei Spaziergängen über die Feldwege, und als kluge Wirtschafterin nutzte sie alle Ressourcen des Hauses. Sie hielt sogar Schweine, die mit Essenresten gemästet wurden und zum Winter eine willkommene Bereicherung des Speiseplanes boten. Die engagierte evangelische Christin und Kirchenrätin spielte beim Gottesdienst begeistert Harmonium, daß Pfarrer Huß meinte, sie würde vor Eifer im Harmonium versinken. Verständlich, daß sich zwischen der Kirchenrätin und dem Pfarrer ein enges Vertrauensverhältnis bildete, das es Erika Schwoerer erlaubte, den Pfarrer darin einzuweihen, daß sie sich heimlich der verfolgten Jüdin annahm.

---

zender der Hochschulkonferenz der deutschen Länder; 2. Vorsitzender der Berufungskonferenz für Professoren an den Universitäten; Vorsitzender des Oberrabbinates der badischen Israeliten (in der Familie "Oberjud von Baden" genannt), 2. Vizepräsident der Notgemeinschaft der deutschen Wissenschaft (bis 1938). - Professor Dr. med. Franz Lust, geb. 28.7.1880 in Frankfurt, Direktor am Kinderkrankenhaus in Karlsruhe, Träger des Eisernen Kreuzes I. Klasse, nach Berufsverbot 1938 nach Baden-Baden verzogen; 23.2.1939 Selbstmord in Baden-Baden.

Nur wenige Gehminuten vom "Judenhäusle" entfernt lag das Ferienhaus von Professor Gerhard Ritter, der sich regelmäßig zum Wochenende mit seiner Familie nach Saig zurückzog. Um 12.10 Uhr ging samstags der Zug ab Freiburg. Am Bahnhof "Hirschsprung" verkündete der Schaffner: "Zehn Minuten Aufenthalt!" Viele stiegen aus, vertraten sich die Beine oder sahen der Zahnradlok zu, die vorgespannt wurde, da die normale Streckenlokomotive den Zug nicht nach Hinterzarten hinauf bekam.

In Titisee stieg Familie Ritter aus. Das Gepäck wurde verteilt. 25 Bücher hatte der Herr Professor immer dabei, und die Jungen durften sie hinauf nach Saig ins Ferienhaus tragen. Zu den Sommerferien wurden die Bücher in einer Kiste zum Bahnhof Lenzkirch hinaufgeschickt, von wo Milchmann Feser sie abholte und den Ritters zustellte. Während die Kinder sich beim Bauern Morath nützlich machten, studierte Professor Ritter in seinen Büchern und erholte sich bei Spaziergängen, bei denen er zum Gespräch gern bei Meinrad Wangler, beim Hierahofbauern Franz Brugger und beim katholischen Pfarrer Leo Schmid einkehrte. Zum Sonntagsgottesdienst ging die Familie zu Pfarrer Martin Huß, dem evangelischen Diasporapfarrer aus Hinterzarten, der seine Gemeinde in Saig zunächst in der Schule, später dann im Kindererholungsheim Schwoerer versammelte.[100]

Gerhard Ritter war Professor für Geschichte an der Freiburger Albert-Ludwigs-Universität. Bei der Nachricht vom Ergebnis der Reichstagswahl vom 5. März 1933 war er in Tränen ausgebrochen: "Hitler bedeutet Krieg!" Professor Ritter schloß sich der Bekennenden Kirche an und traf sich in Freiburg mit Kollegen der Universität und Pfarrern der evangelischen Kirche zu kritischen Gesprächen über religiöse und politische Fragen der Zeit. Der Pogrom vom 9./10. November 1938 entsetzte ihn zutiefst. In einem Brief an seine Mutter schrieb er: *"Was wir in den letzten beiden Wochen erlebt haben im Ganzen des Vaterlandes, ist das Beschämendste und Schrecklichste, was seit langen Jahren geschehen ist. Wohin sind wir gekommen!!!"*[101]

In seiner Empörung und Erschütterung verfaßte Gerhard Ritter noch im November 1938 mit seinen Freunden eine Denkschrift: *"Kirche und Welt. Eine notwendige Besinnung auf die Aufgaben des Christen und der Kirche in unserer Zeit."* Diese Denkschrift, die sich entschieden gegen Führerverehrung und Ju-

[100] Protokoll eines Gespräches mit Dekan i.R. Frido Ritter.

[101] Der "Freiburger Kreis", Katalog einer Ausstellung, Stadtarchiv Freiburg/Br. 1990, S. 62 (Brief vom 24.11.1938).

denhaß wandte, wurde vervielfältigt, heimlich im Kreis der "Bekennenden Kirche" und ihrer Freunde verteilt und weist gegen Ende auf eine Predigt von Pfarrer Helmut Gollwitzer hin, die der Nachfolger von Pfarrer Martin Niemöller am Buß- und Bettag des Jahres 1938 in der Kirche von Berlin-Dahlem gehalten hat: *"Was muten wir Gott zu, wenn wir jetzt zu ihm kommen und singen und die Bibel lesen... Ekeln muß es ihn doch vor unserer Dreistigkeit und Vermessenheit."*[102]

---

[102] Der "Freiburger Kreis", S. 7. Exkurs aus "Der Freiburger Kreis", s. S. 68: Die Gespräche im "Freiburger Kreis" gingen nach Abfassung der Denkschrift "Kirche und Welt" weiter. Einmal im Monat trafen die Teilnehmer sich in einem Privathaus. An einen Vortrag schloß sich ein Gespräch an. "Besonders auffallend ist die Einbeziehung katholischer Theologen. Unter anderem wurden die beiden späteren Erzbischöfe von Freiburg, Wendelin Rauch (damals Direktor des Collegium Borromaeum) und Hermann Schäufele (damals Studentenseelsorger), eingeladen, über katholisches Naturrecht und katholische Widerstandslehre zu informieren." Nach Angaben von Dekan i.R. Frido Ritter nahm auch Erzbischof Dr. Conrad Gröber an einzelnen Sitzungen teil. - Professor Ritter hatte Verbindung zum früheren Leipziger Oberbürgermeister Carl Goerdeler, einem der führenden Köpfe im Widerstand, da seine Tochter Renate während ihrer Studentenzeit im Hause Goerdeler gewohnt hatte. Über Goerdeler kam der Kontakt zu Bonhoeffer zustande. Am 9. Oktober 1942 reiste Dietrich Bonhoeffer nach Freiburg. Er trug im Kreis die Bitte vor, zur Orientierung der Mitglieder der Bekennenden Kirche und zur Vorlage bei einer nach dem Kriege geplanten ökumenischen Konferenz der Kirchen, von der er bei einem Treffen mit George K.A. Bell, Bischof von Chichester (England), erfahren hatte, eine Denkschrift zu erarbeiten. Von Oktober 1942 - Januar 1943 wurde von der Kerngruppe des Kreises, den Professoren Constantin von Dietze, Gerhard Ritter, Adolf Lampe und Walter Eucken unter Hinzuziehung anderer vertrauenswürdiger Wissenschaftler die "Freiburger Denkschrift" fertiggestellt. "Die Verbindung christlich-religiöser Grundlagen, historischer Zeitdeutung, Rechtsordnung, Erziehungspolitik und Wirtschafts- und Sozialordnung, die prägend für den ganzen Freiburger Kreis ist, kommt in dieser Schrift großartig zum Ausdruck. Insofern ist sie der Höhepunkt dessen, was der Freiburger Kreis geleistet hat." - Im Zusammenhang mit den Verfolgungen nach dem Attentat am 20. Juli 1944 wurden von Dietze, Lampe und Ritter verhaftet, ins Gefängnis nach Berlin-Moabit, zeitweise ins KZ Ravensbrück, gebracht. Ritter hatte die Einleitung zur Denkschrift verfaßt und nahm diese bei seiner Verhaftung mit, denn er wollte mit diesem relativ harmlosen Text nachweisen, daß das "Freiburger Konzil", so nannten die Mitglieder ihren Kreis selber, keineswegs Gedanken zu einem Umsturz erwog. - Das Kriegsende bewahrte die Verhafteten vor der Hinrichtung. Am 8. Mai 1945 machten sie sich zu Fuß auf den Heimweg von Berlin nach Freiburg. - Bei der Verhaftung der Professoren blieben ihre Ehefrauen in Angst und Sorge zurück. Frau von Dietze und Frau Lampe vernichteten die Exemplare der "Freiburger Denkschrift", von der je ein Exemplar in ihrem Besitz war. Frau Ritter packte zusammen mit ihrer Tochter das Konvolut in eine Aktentasche und transportierte es mit der Eisenbahn nach Saig, wo sie es Bauer Franz Brugger übergab, der es auf seinem Hof versteckte. Am Kriegsende gab es nur noch dieses einzige Exemplar auf dem Hierahof, das sorgsam geborgen wurde. - Gedanken aus der Freiburger Denkschrift: "Politische Gemeinschaftsordnung. Ein Versuch zur Selbstbesinnung des christlichen Gewissens in den politischen Nöten unserer Zeit" wurden bei den Beratungen des Parlamentarischen Rates in Bonn eingebracht. Professor Ludwig Erhard stützte sich bei seinen Überlegungen zur Sozialen Marktwirtschaft auf die Gedanken der Denkschrift, die Professor Walter Eucken formuliert hatte, Erhards Universitätslehrer und Professor Gerhard Ritters engster Freund.

Zu Erzbischof Dr. Conrad Gröber vgl. Dr. Conrad Gröber, Kollektivschuld? Hirtenschreiben vom 21. September 1945. F.H. Kerle Verlag, Heidelberg 1945; Georg Denzler u. Volker Fabricius (Hg.), Die Kirchen im Dritten Reich - Christen und Nazis Hand in Hand? Fischer TB Verlag, Frankfurt a.M., Band 1, 1984, S. 49; Ernst Klee, "Die SA Jesu Christi" - Die Kirche im Banne Hitlers. Fischer TB Verlag, Frankfurt a.M. 1989, S. 23f., 107f., 158, etc. und:

Die Polizei überprüfte regelmäßig die "Judenkarteien". Die Parteiinformanten - jede Ortsgruppe mußte ihren zuverlässigsten Mann zur Beobachtung der Parteigenossen und der übrigen Bevölkerung einsetzen - gaben ihre Beobachtungen an die Kreisleitung weiter. So wurde Kreisleiter Benedikt Kuner auch über die Bekanntschaft von Erika Schwoerer und Dr. Johanna Geissmar informiert.

Im Frühjahr 1940 ordnete der NS-Kreisleiter an, daß die örtliche Parteileitung einschreiten müsse. Erika Schwoerer solle sich von der Jüdin fernhalten, wenn sie "nicht entsprechende Maßnahmen der staatlichen Stellen riskieren wolle". Wenn sie in dieser Situation zu Dr. Johanna Geissmar gehalten hätte, wäre ihre berufliche Existenz, vielleicht ihre Freiheit bedroht gewesen, ohne daß sie darauf vertrauen konnte, Dr. Geissmar wirklich helfen zu können.

Erika Schwoerer wandte sich nach langem Bedenken an den evangelischen Pfarrer Martin Huß, der in Kreisen der "Bekennenden Kirche" dadurch bekannt geworden war, daß er 1935 beim Empfang von Reichsbischof Ludwig Müller, der als "Führer der Deutschen Christen" (d.h. Ev. Nationalsozialisten) eine Propagandareise durch Baden unternahm, einen großen Blumenstrauß überreichte, in dem ein Brief steckte, der von Vikaren der Freiburger evangelischen Kirchen unterschrieben war und in dem Bischof Müller gebeten wurde, nie mehr zu einem offiziellen Besuch nach Freiburg zu kommen. Sicherheitshalber hatte Huß den Brief auch per Einschreiben abgesandt. Der Pfarrer schmunzelt noch heute, wenn er daran denkt, wie der Protestbrief gegen Bischof Müller beim feierlichen Gottesdienst in einer Blumenvase am Altar stand und seine Gedanken von den verführerischen Worten des Nazi-Bischofs wegriß. Pfarrer Huß nahm die seelsorgerliche Aufgabe an, die Erika Schwoerer ihm antrug: "Noch heute erinnere ich mich gerne an Dr. Johanna Geissmar und an bewegende Begegnungen und Gespräche mit ihr."[103]

Wie alle Juden wurde Dr. Johanna Geissmar noch im November 1938 zur "Sühneleistung" aufgefordert: "Die feindliche Haltung des Judentums gegenüber dem deutschen Volk und Reich, die auch vor feigen Mordtaten nicht zurückschreckt, erfordert entschiedene Abwehr und harte Sühne."[104] 20% ihres Vermögens, aus dem sie nach dem Verlust ihrer Praxis in Heidelberg ihren Lebensun-

---

Bruno Schwalbach, Erzbischof Conrad Gröber und die nationalsozialistische Diktatur. Karlsruhe: Badenia 1986.

[103] Aus der Niederschrift für den Gedenkgottesdienst am 13.12.1992 in der ev. Kirche in Lenzkirch (Hochschwarzwald); Text von Studienprofessor und Pfarrer i.R. Martin Huß.

[104] Verordnung über eine Sühneleistung der Juden deutscher Staatsangehörigkeit vom 12.11. 1938, zit. nach Paul Sauer, Dokumente über die Verfolgung der jüdischen Bürger in Baden-Württemberg durch das nationalsozialistische Regime 1933-1945, Band 2, Stuttgart 1966, S. 61.

terhalt bestritt, mußte sie "ohne besondere Aufforderung" in vier Raten an das Finanzamt abführen. Die gedemütigten Juden mußten zahlen. Der NS-Staat raubte ganz "legal".

Im Jahre 1938 verließ auch Dr. med. Friedrich Geissmar seine Heimatstadt Mannheim und suchte Zuflucht bei seiner Schwester im "Judenhäusle" in Saig. Er war vier Jahre älter als seine Schwester, unverheiratet wie sie, und hatte lange seine Praxis weitergeführt, weil seine Patienten ihm trotz aller Schikanen die Treue hielten. Die Stadt Mannheim hatte mit Verfügung vom 3. Juni 1936 ihren Bediensteten gegen Androhung der Entlassung aus den städtischen Diensten verboten, sich bei jüdischen Ärzten behandeln zu lassen. Als der städtische Arbeiter Friedrich G., Mannheim, Kobellstraße 3, trotzdem zu Dr. Geissmar zur Behandlung ging, wurde er angezeigt. Der Arbeiter wurde einbestellt, in der Angelegenheit vernommen, dienstlich verwarnt und zum 14. Juni 1936 zur Strafe von seiner gewohnten Arbeitsstelle ins Straßenbahnamt versetzt.[105] So schmolz der Patientenstamm des Arztes zusammen; schließlich gab er auf und zog am 6. April 1938 zu seiner Schwester nach Saig.

Das Zusammenleben der Geschwister war nicht einfach, denn beide waren das Leben in großen Häusern mit vielen geistigen Anregungen einer geschäftigen Stadt gewohnt und nun den ganzen Tag bei körperlicher Gesundheit und geistiger Regsamkeit in einem kleinen Haus aufeinander angewiesen. Zu den ungewohnten Verhältnissen des gemeinsamen Lebens kamen die Bedrängnisse aus der politischen Umwelt. Aber eine Änderung der Verhältnisse war nicht zu erwarten. Die Hoffnungslosigkeit machte das Miteinander schwierig.

Als am 1. September 1939 Hitler mit dem Überfall auf Polen[106] den Zweiten Weltkrieg begann, verkündete die NS-Propaganda, das Weltjudentum habe den Krieg entfesselt. Die deutschen Juden wurden wie Feinde behandelt. Schon acht Tage nach Ausbruch des Krieges erhielten sie ein Ausgehverbot von abends 8 Uhr bis morgens 7 Uhr.

Am 12. September 1939 erschien die Polizei und durchsuchte das Haus auf "Hamsterwaren", und am 23. September 1939 konfiszierten sie bei den Juden die Radioapparate. Die Geschwister Geissmar waren von allen Informationen über die Kriegslage abgeschnitten. Die Stunden des Tages wurden länger, denn

---

[105] Hans-Joachim Fliedner, Die Judenverfolgung in Mannheim (Veröffentlichungen des Stadtarchivs Mannheim). Stuttgart, Band 2, S. 278.

[106] *Vgl. Erhard Roy Wiehn (Hg.), Totengebet - 60 Jahre Beginn des Zweiten Weltkriegs und der Schoáh in Polen. Konstanz 1999.*

das Ausweichen auf Bücher war unmöglich, da der Besuch von Bibliotheken für sie verboten wurde. Die Geissmars waren noch froh, daß der Bürgermeister ihnen die für deutsche Staatsbürger gültige Lebensmittelkarte aushändigen ließ, denn mit der für Juden vorgesehenen Zuteilung hätten sie hungern müssen.

Für Hitler-Deutschland waren 1939 und 1940 Jahre der Siege über Polen, Dänemark, Norwegen, die Niederlande, Belgien und Frankreich. Überall wehte die Hakenkreuzfahne, von der Göring sagte: "Dieses Zeichen war uns ein Symbol unseres Kampfes für unsere arteigene Rasse, es war uns ein Zeichen des Kampfes gegen die Juden als Rassenzerstörer. ... Gott hat die (unterschiedlichen) Rassen geschaffen. Er wollte nichts Gleiches."[107] Nach nationalsozialistischer Sprachregelung gab es die "germanische Herrenrasse" und "andere Dienerrassen"!

Die Geschwister Geissmar bekamen keine Zeitungen und besaßen kein Radio in einer Zeit, in der die Menschen an den Lautsprechern hingen, um die Fanfaren zu hören, welche die neuesten Siegesmeldungen ankündigten. Sie sorgten sich, wie es Verwandten und Freunden ging, die emigriert waren. Sie bangten um ihre eigene Zukunft, wenn sie gerüchteweise vom Schicksal der Juden in Polen hörten. Sie horchten auf die Gespräche der Leute, wenn sie im Laden standen und auf ihren Einkauf warteten oder wenn sie öffentliche Verkehrsmittel benutzten.

Dr. Friedrich Geissmar hielt dem Trommelfeuer der Hetze nicht stand, konnte die diskriminierenden Maßnahmen gegen Juden nicht mehr ertragen und verlor angesichts des sich ausbreitenden Machtbereichs der Deutschen jede Hoffnung auf ein eigenes Leben in Würde. So durchschlagend schienen die Erfolge Hitlers, daß Friedrich Geissmar sich seinen Sturz nicht vorstellen konnte.

Im Frühherbst des Jahres 1940 stieg Dr. Geissmar in den Keller des Hauses, nahm ein Wäscheseil und ging in den Wald. Er kannte die Umgebung gut, denn oft hatte er die häusliche Verpflegung mit Beeren und Pilzen aus dem Wald aufzubessern versucht. Sein Weg mit dem Strick führte ihn zu einem Baum an einsamer Stelle. Er knüpfte den Strick und erhängte sich. Förster Robert Armbruster suchte nach dem Vermißten und fand ihn nicht. Feuerwehrleute aus Saig und Lenzkirch durchstreiften den Wald vergebens. SA-Männer aus Neustadt traten

---

[107] Hochschwarzwald, Echo vom Hochfirst (17.9.1935). - Gegen die Feinde des Staates - Die Großkundgebung des Kreises Neustadt - ... Der dritte Staatsfeind ist der *Jude* ... - Der vierte und gefährlichste Feind des Staates ist in Baden der politische Katholizismus. - (Hochschwarzwald, Echo vom Hochfirst (30.8.1935).

an. Niemand fand ihn. Der Wald hielt ihn fest. Der Winter verging, erst im Frühjahr 1941 fanden Spaziergänger zufällig seine verweste Leiche.[108]

Dr. Johanna Geissmar blieb in großer Sorge zurück. Schlaflose Nächte, angsterfüllte Tage. Lange haben die Verwandten in den USA, die auf Umwegen vom Selbstmord ihres Verwandten erfuhren, gedacht, auch Johanna habe ihrem Leben ein Ende gesetzt. Es war eine furchtbare Zeit des Wartens auf das Eintreffen der braunen Häscher, die ihr Kommen lange angekündigt hatten.

Am Morgen des 22. Oktober 1940[109] kam das erwartete Klopfen an der Tür. Gestapobeamte standen da und forderten Dr. Johanna Geissmar auf, sich für den Abtransport fertigzumachen. Stille lag über dem Ort, die Menschen schliefen noch. Nur aus den Bauernhäusern drang der Lärm der Morgenarbeit im Stall. Die Aktion zum Abtransport aller badischen Juden war generalstabsmäßig vorbereitet.

Die Gestapo überreichte ein Merkblatt, wo es unter Punkt 1 hieß: Ausgewiesen würden nur "Volljuden". Dr. Johanna Geissmar war "Volljüdin". Weiter war angeordnet: Mitzunehmen seien ein Koffer mit bis zu 50 kg Gewicht; Bekleidung; Wolldecke; Verpflegung für mehrere Tage; bis zu 100 RM. Abgegeben werden müssen gegen Quittung: Sparbücher, Wertpapiere, Schmuckgegenstände und Bargeldbeträge, die über 100 RM hinausgingen.[110]

Die Gestapo-Beamten waren "korrekt!: kein lautes Wort, keine persönliche Animosität. Sie handelten nach Vorschrift: löschten das Licht, schraubten die Sicherungen heraus, stellten das Wasser ab und kontrollierten den Ofen, bevor sie mit der Verhafteten das Haus verließen. Inzwischen war das dörfliche Leben erwacht. Bevor der Wagen aus dem Ort rollte, hielt er noch kurz bei der Gemeindeverwaltung, wo die Beamten die zusammengebundenen Schlüssel des Hauses abgaben.

---

[108] Im Frühjahr 1941 fanden Gäste bei einem Gang durch den Saiger Wald die Leiche. Dr. Johanna Geissmar hatte vor ihrer Deportation angeordnet, daß ihr Bruder Friedrich in Freiburg beigesetzt werden sollte. In dem Protokoll eines Zeitzeugen heißt es: "So geschah es!" Im Fremdenbuch der Gemeinde Saig ist als Todesjahr 1940 eingetragen. Ein hinzugefügtes S. deutet auf Selbstmord hin. Der oftmals als Todesdatum angegebene 28.4.1941 dürfte der Tag sein, an dem die Leiche gefunden wurde.

[109] *Vgl. Erhard Roy Wiehn (Hg.), Oktoberdeportation 1940 - Die sogenannte 'Abschiebung' der badischen und saarpfälzischen Juden in das französische Internierungslager Gurs und andere Vorstationen von Auschwitz 50 Jahre danach zum Gedenken. Konstanz 1990; Erhard Roy Wiehn (Hg.), Camp de Gurs 1940 - Zur Deportation der Juden aus Südwestdeutschland 60 Jahre danach zum Gedenken. Konstanz 2000.*

[110] Josef Werner, Hakenkreuz und Judenstern, a.a.O., S. 307.

Dr. Johanna Geissmar wurde zu einer der drei Sammelstellen in Freiburg gebracht (es waren ein Schuppen hinter dem Hauptbahnhof, die Stühlinger Schule und eine Brauerei). Im Laufe des Tages erschienen Notare. Sie hatten die Vermögensdeklarationen aus dem Jahre 1938 dabei, legten sie den Menschen vor und forderten sie auf, eine Verzichtserklärung zugunsten des Deutschen Reiches zu unterschreiben. Mit einem Federstrich verlor Dr. Johanna Geissmar alles, was sie von den Eltern geerbt und durch mühsame Arbeit erworben hatte.

Am Mittwoch, dem 23. Oktober 1940, fuhr der erste Zug mit den zusammengetriebenen Menschen um 19.40 Uhr vom Freiburger Hauptbahnhof ab, um 2.00 Uhr nachts der zweite.[111] In einem saß Dr. med. Johanna Geissmar. Überlebende haben berichtet, wie ängstlich alle waren. Geht der Weg nach Osten, stopft die SS alle in die Ghettos im Osten, von denen Gerüchte Schreckliches berichteten. Es war wie eine Erlösung, als sie an den durchfahrenen Bahnhöfen feststellten: Es geht nach Westen, es geht nach Süden. Der Chef der Sicherheitspolizei und des SD, Reinhard Heydrich, stellte nach Abschluß der Deportation der badischen und saarpfälzischen Juden fest: "Der Vorgang der Aktion wurde von der Bevölkerung kaum wahrgenommen."[112]

Im Frühjahr 1941 wurde in Saig eine öffentliche Versteigerung des zurückgelassenen Besitzes von Dr. Johanna Geissmar angesetzt. Parteigenossen durften nicht mitbieten. Auf Anordnung des Reichsführers der SS Heinrich Himmler vom 9. November 1940 verfiel der gesamte Besitz der Zwangsdeportierten dem Reich. Da die Versteigerung öffentlich bekanntgemacht worden war, erschienen viele, um mitzubieten. Es war Kriegszeit, Notzeit. Auf dem freien Markt gab es die kostbaren Sachen nicht so billig zu kaufen: Wäsche aus gutem Leinen, feines Porzellan, Jugendstil-Betten und goldenen Schmuck, Uhren. Das Haus konnte nicht versteigert werden, da Frau Käthe Victorius, die Eigentümerin, Schweizerin geworden war und in Basel lebte.

Ganz vergessen war Dr. Johanna Geissmar in Saig nicht. Ihre Mitbewohnerin hielt Kontakt zu den Menschen, von denen sie wußte, daß sie dem Gast aus Heidelberg beigestanden hatten. So sickerte die Nachricht durch: Dr. Johanna Geissmar lebt irgendwo im Süden Frankreichs.

---

[111] Vgl. Martha und Else Liefmann, Helle Lichter auf dunklem Grund - Die 'Abschiebung' aus Freiburg nach Gurs 1940-1942 (Reprint). Konstanz 1995.

[112] Roswitha Zahlten, Die Auswirkungen der nationalsozialistischen Judenverfolgung in der Stadt Freiburg i.B. Prüfungsarbeit an der Pädagogischen Hochschule Westfalen-Lippe, Abteilung Münster I. - Schreiben des Chefs der Sicherheitspolizei und des SD vom 29.10. 1940, in: Josef Werner, Hakenkreuz und Judenstern, a.a.O., S. 313. Dr. Johanna Geissmar steht auf der Transportliste aus dem Gestapobereich Württemberg-Baden: Az.: VCC 155/ XIII (Auskunft: Yad Vashem, Jerusalem).

Inhaftierung in Gurs und Tod in Auschwitz-Birkenau

"6.504 Juden", Männer, Frauen und Kinder, Junge, Alte, Greisinnen und Greise, Gebrechliche und Kranke, deutsche Staatsangehörige aus Baden, der Pfalz und dem Saarland wurden am 22. und 23. Oktober 1940 in neun Zügen über Chalon-sûr-Saône an die Grenze zwischen dem besetzten und unbesetzten Teil Frankreichs gebracht.[113] Dort gab es lange Aufenthalte, denn die französischen Behörden in Vichy waren über die Transporte nicht informiert und beriefen sich darauf, daß in den Waffenstillstandsverhandlungen zwischen Frankreich und Deutschland keine Übereinkunft über die Aufnahme von Juden aus dem deutschen Reichsgebiet getroffen worden war. Schließlich wurden die badischen und saarpfälzischen Juden in das bis dahin kaum bekannte "Camp de Gurs" in Südwestfrankreich deportiert, ein Internierungslager am Fuß der Pyrenäen, südwestlich von Pau, ca. 16 km von Oloron-Ste.-Marie entfernt.

Das Camp de Gurs wurde im April 1939 errichtet, um ca. 20.000 Spanien-Flüchtlinge und Kämpfer der Internationalen Brigaden aus dem Bürgerkrieg aufzunehmen. Bei Kriegsausbruch 1939 hatten die Franzosen im Lager Gurs etwa 4.000 Frauen interniert, die der Krieg im Land überrascht hatte. Unter ihnen waren viele politische Gegner des NS-Regimes und geflohene Juden, die in Frankreich Zuflucht gesucht hatten. Im Mai 1940 kamen ca. 10.000 deutsche und österreichische Staatsbürger, darunter viele Frauen und Juden. Auf dem Gelände, 2 Kilometer lang und 500 Meter breit, standen in 13 Ilôts bzw. Blocks je 25 Baracken, ca. 25 m lang und 8-10 m breit für 40 Menschen.

In Regen und Dunkelheit fuhren am 24. Oktober 1940 die ersten Lkws im Lager vor. *"Wir begriffen nichts. Die Dienstbaracke stand voller Frauen, die stumm, in entsetzlicher Müdigkeit, in stumpfem Gleichmut, in flackernder Angst, der Ohnmacht nahe, uns anstarrten, als ob wir wilde Tiere wären. Und immer neue, immer neue drängten durch die Tür, immer neue Lastkraftwagen fuhren vor, eine leuchtende Kette von Scheinwerfern, Lastwagen hinter Lastwagen, ihre Reihe war nicht abzusehen. 'Ist hier das Hotel?', fragte ein altes Mütterchen?"*[114] Das Elend war unvorstellbar.

---

[113] Paul Sauer, Dokumente über die Verfolgung der jüdischen Bürger in Baden-Württemberg durch das nationalsozialistische Regime 1933-1945. Band 2, Stuttgart 1966, S. 241; *vgl. dazu auch Margot Wicki-Schwarzschild u. Hannelore Schwarzschild in: Erhard Roy Wiehn (Hg.), Camp de Gurs 1940. Konstanz 2000, S. 13ff. u. 24ff.; Manfred Wildmann u. Erhard Roy Wiehn (Hg.), Und flehentlich gesegnet - Briefe der Familie Wildmann aus Rivesaltes und Perpignan. Jüdische Schicksale aus Philippsburg 1941-1943. Konstanz 1997.*

[114] Hanna Schramm, "Menschen in Gurs", in: Deutsches Exil 1933-1945, Eine Schriftenreihe, hg. von Georg Heintz, Band 13, S. 65.

Trotz aller Bemühungen blieb die Lebensmittelversorgung völlig unzureichend. *"Der Nährwert der im Spätsommer 1941 gelieferten Lebensmittel betrug 500-600 Kalorien pro Tag. Zweimal in der Woche gab es 60 Gramm Fleisch und ein bißchen Konfitüre, und im übrigen ununterbrochen Serien von Topinambur, Kürbis, weißen Rüben, Kohlrüben, und wenn es dazwischen einmal Erbsen oder gar ein wenig Reis oder ein, zwei Kartoffeln gab, so waren das Festtage. Die Fettration betrug fünf Gramm pro Tag."*[115] Hilfsorganisationen versuchten, die Not zu lindern.[116]

Die Erkrankungen nahmen zu: Grippe, Durchfall, Herzstörungen. Ärzte und Krankenpfleger nahmen sich aufopfernd der Erkrankten im spartanisch eingerichteten Lazarett an. Aber es fehlte am Notwendigsten: Medikamente und Mullbinden, Bettwäsche und Stärkungsmittel. Die vom Hunger geschwächten Menschen besaßen häufig nicht einmal die Widerstandskraft, einfache Erkältungskrankheiten zu überstehen. Dazu kam die Hoffnungslosigkeit. In Gurs war kein Ende des Elends abzusehen. *"Auf dem Männer-Ilôt gab es fast täglich ein bis zwei Tote, und der schwarze Leichenwagen fuhr langsam durch die Lagerstraße mit vier, mit sechs Särgen manchmal, gefolgt von einem Trupp Männern und Frauen in improvisierter Trauerkleidung."*[117] Trotz aller Bemühungen des medizinischen Personals starben im ersten Winter über 1000 Menschen. Gurs war ein Todeslager.

In Deutschland übergoß die NS-Presse die Deportierten mit Hohn und Spott, indem sie der deutschen Bevölkerung vorgaukelte, die Juden seien freiwillig gegangen, um in Frankreich das "gelobte Land" zu finden. Die 'Badische Presse und Handelszeitung - Generalanzeiger für Südwestdeutschland' (Nr. 38) brachte am 14. Februar 1941 folgenden Bericht unter dem Titel:

"So sieht das 'Leben wie Gott in Frankreich' der landesflüchtigen Verräter aus - So lebt man im Emigrationslager von Gurs!

Wenn die jüdisch-marxistischen Emigranten aus dem Großdeutschen Reich geglaubt hatten, in Frankreich ein Leben wie 'Gott in Frankreich' führen zu können, so sehen sie sich jetzt in dieser Hoffnung schwer getäuscht. Die gewiß nicht deutschfreundlichen 'Basler Nachrichten' weisen z.B. auf die 'himmelschreienden Zustände' im südfranzösischen Emigrationslager Gurs hin. 'Die Zustände in diesem Lager sind derart', so heißt es in einer Zuschrift, 'daß, wer sie

[115] Hanna Schramm, Menschen in Gurs, a.a.O., S. 131.

[116] Ebenda, S. 105.

[117] Ebd., S. 95.

nicht mit eigenen Augen gesehen und am eigenen Leib erlebt hat, nicht für möglich halten würde. Im Lager von Vernet sind ehemals kräftige Männer durch Hunger und Kälte so geschwächt, daß sie ihr Menschenantlitz verloren haben. Den Frauen ergeht es ähnlich. Haare und Zähne fallen ihnen aus. Die Nägel schrumpfen zusammen aus Mangel an Nahrung. Schwere gesundheitliche Störungen mit nicht mehr heilbaren Folgen sind die Regel. In dem Sammellager Gurs sterben wöchentlich etwa 45 Menschen. ...'[118]

Dr. med. Johanna Geissmar arbeitete im Frauenlager. Wie die Menschen ihre Ärztin erlebten, schilderte nach der Befreiung Hanna Schramm:

"Sie hatte die sechzig überschritten, aber ihr Gesicht hatte noch den hellen, unschuldigen Hauch des Kinderteints, und ihre blauen Augen blickten, als hätte sie ein Schutzengel davor bewahrt, je Schmutz und Niedrigkeit zu sehen. Von ihrer früheren Tätigkeit her kannte sie viele der badischen Frauen, und man brachte ihr Vertrauen entgegen. Wie sie es trotz ihres Alters fertigbrachte, von morgens bis abends auf den Beinen zu sein, nie ungeduldig, nie müde zu werden, wenn sie nach dem erschöpfenden Rundgang durch das Ilôt von neuem in eine entfernte Baracke gerufen wurde, gehört zu den Wundern, die Gurs hervorbrachte. Die Schwierigkeiten, mit denen man täglich zu kämpfen hatte, riefen in einigen Menschen ein außerordentliches Leistungsvermögen wach, von dem sie wahrscheinlich im normalen Leben selbst nichts geahnt hatten. ... Die Frauen des Ilôts fühlten das Geborgensein in ihrer Nähe, und wer in die Infirmerie (Krankenabteilung) des Ilots verlegt wurde, vergaß, daß er in Gurs war. Es war ein gutes Krankenhaus, obwohl man in einer Baracke lag, aus dünnen Brettern zusammengezimmert. Johanna Geissmar und ihre drei Helferinnen schalteten und walteten da unbefangen, hingebend und in heiterer Harmonie, als ob es kein Gurs gäbe."[119]

Dieser Geist spricht auch aus dem Brief, den Dr. Johanna Geissmar Weihnachten 1940 an die Familie ihres Bruders Jakob Geissmar in Pöcking bei München schrieb:

"Es war eine Fügung, daß Euer Paket gerade vor der ersten ganz kalten Nacht ankam. Wieviel unter Null es war, weiß ich nicht, aber sicher reichlich. Ohne Eure warmen Sachen hätte ich wie alle sehr gefroren. So steckte ich aber

---

[118] Ebd., S. 240, *vgl. Archivdirektion Stuttgart (Hg.), Dokumente über die Verfolgung der jüdischen Bürger in Baden-Württemberg durch das Nationalsozialistische Regime 1933-1945. Band 2, Stuttgart 1966, S. 261: Erstaunlich, was man also in Deutschland gewußt haben muß! ERW*

[119] Ebd., S. 95 u. 102.

in Eurer Pelzdecke, hatte den schönen warmen Schal, für den ich Liesel noch besonders dankbar bin, um meine Beine gewickelt, die dritte Schicht war meine Saiger Pelzdecke, darüber noch zwei hiesige Decken, oben drauf als Plumeau der Wintermantel. Ich selber stecke in Hemd, 2 Hosen, 3 übereinandergezogenen dicken wollenen Jacken, Wollkappe, Fäustlingen. Zu viel ist's in diesen Nächten nicht, aber frieren ist jetzt ausgeschlossen. Ich liege ganz mollig auf meinem Lager und darf nur nicht an die vielen denken, die es nicht so gut haben wie ich in dem schweren Kampf gegen die Kälte."[120]

In ihrem dreiseitigen Weihnachtsbrief steht kein Wort der Klage. Nur bei genauerem Nachlesen ahnt man die Schwere ihres Lebens. Sie dankte für ein Paket, in dem sie den ersten Zipfel Hartwurst seit ihrem Abtransport aus Saig fand. Ein Stückchen Seife war ein Schatz! Aber in bewegenden Worten schilderte sie Begegnungen mit Menschen, die sie beeindruckt hatten. Ein Bote kam vom Lagerkommandanten, der ihr statt des erwarteten Befehls ein Geschenk zu Weihnachten überreichte. Sie schrieb von Krankenschwestern, mit denen sie die kleinen Geschenke teilte, die ihr von dankbaren Patienten zugesteckt wurden. Eine Textstelle des Briefes erlaubt uns einen besonderen Blick in ihr Denken:

"Hermann Wolf (Alzey-Darmstadt) hat durch Kabel an den hiesigen Kommandanten meine Adresse erfahren und will mir nun monatlich 20 Dollar garantieren, damit ich außerhalb des Lagers leben kann. Ich soll einfach an seine Adresse 'Ja' zurückkabeln... Wie er das alles bewerkstelligt, weiß ich nicht. Aber es ist rührend hilfreich, da er mit seinen Kindern doch selbst drüben sich durchkämpfen muß. Natürlich nehme ich es nicht an, denn ich will ja gar nicht heraus, um zu privatisieren. Es geht mir wie Marta. Ich will lieber möglichst vielen heraushelfen durch ärztliche Zeugnisse. Ein paar alte Damen sind schon draußen, und eine Reihe weiterer soll folgen. Das ist ganz nützlich und befriedigend. Überhaupt ist die viele Arbeit sehr schön."[121]

Dr. Henri Hugo Brunswic, 1933 aus Deutschland emigriert, hatte in Amsterdam und Paris Medizin studiert und arbeitete als Röntgenologe am französischen Militärkrankenhaus in Clermont. Sein Vater, Dr. Willi Braunschweig, war ebenfalls emigriert und hatte nun für die Menschen im Lager Gurs die "Baden-Pfalz-Hilfe" gegründet. Er nahm seinen Sohn Henri bei einem Besuch ins Lager mit, wo dieser auch Dr. Johanna Geissmar traf, mit der er in ein ihn "besonders bewegendes Gespräch" geriet. Er bot seiner Kollegin an, sie aus dem Lager her-

---

[120] Brief von Dr. Johanna Geissmar: 25.12.1940: Fotokopie freundlicherweise von Herrn Werner L. Frank.

[121] Ebd.

auszuholen, denn die französischen Behörden erlaubten den Gefangenen, außerhalb des Lagers zu wohnen, wenn sie ein Visum zur Ausreise in ein freies Land vorweisen konnten oder wenn ein französischer Bürger sich bereit erklärte, für den Unterhalt des Entlassenen zu sorgen. Dr. Henri Brunswic schreibt über die Reaktion der Ärztin:

"Sie schüttelte den Kopf: 'Nein, diese Menschen benötigen mich viel zu sehr.' - 'Und wenn eine Deportation in den Osten kommt?' - 'Dann gehe ich mit ihnen'. So geschah es dann auch."[122]

Am 20. Januar 1942 wurde die "Endlösung der Judenfrage" auf der Wannsee-Konferenz in Berlin besiegelt. Die Todestransporte aus Gurs begannen im August 1942. 942 Namen standen auf der Liste für den Transport Nr. 18 am 12. August 1942 von Le Bourget/Drancy. Dr. Johanna Geissmar war nicht aufgeführt. Sie meldete sich freiwillig, wie Dr. Ludwig Mann bezeugte:

"Niemand wollte sie auf den düsteren Weg schicken. Der Chefarzt des Lagers und sein Stellvertreter versuchten sogar, sie zurückzuhalten. 'Vielleicht gelingt es mir, meine Geschwister dort zu finden', sagte sie mir. Sie wußte, die waren von München deportiert worden. 'Es ist auch gut, wenn ein Arzt mitgeht.' Noch in der Autohalle, von der aus die Camions zum Bahnhof fuhren, kam der und jener zu ihr; jeder suchte sie umzustimmen. Es war nichts zu machen. Sie wollte die Ihren suchen, sie wollte die ärmsten Kameraden nicht verlassen, sie wollte dort unten in der Halle auch nicht, daß ein anderer zuletzt noch für sie geholt werde. Sie blieb fest. Sie schlief noch eine Zeitlang, auf einem Stuhl sitzend, und stieg dann mit den anderen in den Lastwagen."[123]

Mit ihr ging Oberin Pauline Maier, die langjährige Leiterin des jüdischen Krankenhauses in Mannheim. Dr. med. Eugen Neter (1876-1966)[124] war bei der Abfahrt der Lastwagen dabei:

"Tief in meiner Erinnerung haftet der Augenblick, als ich Abschied nahm von den beiden Frauen, die freiwillig ihre Leidensgefährten auf dem Weg in die Vernichtung begleiteten. Als letzte stiegen sie auf das Lastauto, das sie forttragen sollte: Oberin Pauline Maier[125] *und die Ärztin Dr. Johanna Geissmar."*[126]

---

[122] Norbert Giovannini/Frank Moraw (Hg.), Erinnertes Leben, a.a.O., S. 156.

[123] Hans-Joachim Fliedner, Die Judenverfolgung in Mannheim, a.a.O., S. 102.

[124] *Vgl. Eugen Neter: Als Arzt im Camp de Gurs. In: Erhard Roy Wiehn (Hg.), Camp de Gurs 1940. Konstanz 2000, S. 105-123.*

[125] *Vgl. Erhard Roy Wiehn (Hg.), Oktoberdeportation 1940. Konstanz 1990, S. 942.*

[126] Hans-Joachim Fliedner, a.a.O., S. 154.

Die Reise führte zunächst ins Zwischenlager Drancy bei Paris. Von dort ging der Transport Nr. 18 am 12. August 1942 unter dem Kommando von Oberfeldwebel Möller mit 1.007 Personen (bei D. Czech; nach S. Klarsfeld 1.017), überwiegend älteren Menschen, nach Auschwitz-Birkenau.[127] 62 Frauen wurden ausgesondert und erhielten eine Häftlingsnummer von 17069 bis 17130. Ebenso wurden 233 Männer ausgewählt und bekamen die Nummern 58785 bis 59017. 712 Personen (bei D. Czech; nach S. Klarsfeld 722) dieses Transports wurden vergast.[128] Dr. Johanna Geissmar hatte keine Chance, in Auschwitz zu überleben. Als Todestag kann der Ankunftstag in Auschwitz-Birkenau angenommen werden, wahrscheinlich also der 14. August 1942. Das Amtsgericht Neustadt/Schwarzwald hat Dr. Johanna Geissmar am 5. März 1964 mit Datum vom 31. Dezember 1945 für tot erklärt.[129]

Im Lager Gurs schrieb eine jüdische Frau nach dem Abtransport von Dr. Johanna Geissmar einen Brief an Freunde:

"Frl. Dr. Geissmar, eine feine, schon recht alte Ärztin von Gurs und die bis dahin abgelehnt hat, sich beurlauben zu lassen, hat freiwillig auch das Neue auf sich genommen. Eine fabelhafte Frau... Was das bedeutet an Stütze moralischer Art und als Trost und Hilfe in der Finsternis, ermeßt ihr. Es ist an Punkten wohl gewiß, daß Opfer dieser Art eine Intensität entwickeln, die das Menschliche strahlend und hell macht."[130]

Ein bleibendes Dokument für das Heldentum von Dr. med. Johanna Geissmar, an die kein Grabmal, kein Stein, kein Straßenname erinnert.[131] Doch jetzt immerhin diese Schrift.

---

[127] Auf der Personalkarte von Yad Vashem wird *Johanna Geismar, geb. 7.12.1877, wohnhaft Freiburg, Saig Nr. 44, deportiert am 22. Oktober 1940 nach Gurs,* dem Transport ab Drancy vom 12.8.1942 zugeordnet; vgl. dazu die Untersuchungsergebnisse von Serge Klarsfeld zu diesem Transport; Serge Klarsfeld, Le Memorial de la Deportation des Juifs de France. Paris 1978; Memorial to the Jews Deported from France 1942-1945, S. 147; vgl. Danuta Czech, Kalendarium der Ereignisse im Konzentrationslager Auschwitz-Birkenau 1939-1945. Reinbek 1989, S. 272f.

[128] *Vgl. Danuta Czech, Kalendarium der Ereignisse im Konzentrationslager Auschwitz-Birkenau 1939-1945, Reinbek 1989, S. 272f.*

[129] Unterlagen im Staatsarchiv Freiburg: Bestand F 196/1 EF 14657.

[130] Maria Krehbiel-Darmstädter, Briefe aus Gurs und Limonet 1940-1943. Heidelberg 1970, S. 280/281; *Walter Schmitthenner: Maria Krehbiel-Darmstädter (1892-1943), in: Erhard Roy Wiehn (Hg.), Oktoberdeportation 1940. Konstanz 1990, S. 409-416.*

[131] Hans-Joachim Fliedner, a.a.O., S. 107 "Die Camions fahren weg, in die Nacht hinaus, zum Bahnhof von Oloron, von Oloron nach Drancy und von dort - wer weiß wohin? - Fragt in Theresienstadt, in Mauthausen, in Auschwitz, in Buchenwald, fragt überall herum. Ihr werdet nichts erfahren! Sie sind verschollen, sie sind erschossen, sie sind gehängt, sie sind vergast, sie sind verbrannt. Und Ihr werdet sie nie mehr sehen, nie mehr etwas von ihnen hören, von niemandem dieses Transports. ... - Wir wollen schweigen und ihrer gedenken, sie werden in

unser aller Erinnerung leben, solange unser Leben währt. Dann gehen sie ein in die Masse der unbekannten Märtyrer der erschütterndsten Tragödie der Menschheit, in das gewaltige Heldentum des jüdischen Volkes in den Jahren der nationalsozialistischen Verbrecherherrschaft in Europa, das diese Herrschaft zuließ, als sie noch sehr leicht zu brechen war." 1945 geschrieben von Dr. Ludwig Mann, Mannheim; vgl. Erhard Roy Wiehn (Hg.), Oktoberdeportation 1940. Konstanz 1990, S. 419-428.

Dr. Johanna Geissmar

Großeltern - Eltern - Geschwister

Großeltern

Rabbi David Jacob Geismar[132]	*Lemle (Asher ben Isaak) Regensburger*
* 1797 in Breisach	* 9.6.1781 in Eppingen
+ 22.12.1879 in Alzey	+ 15.4.1855 in Eppingen
verheiratet mit	verheiratet mit
Jeanette (Jette) Falkenau	*Zierle (Cäcilia) Maier*
* 27. Juli 1799 in Fuerth	* 1803 in Eppingen
+ 30. Sept. 1861 in Sinsheim	+ 11.12.1858 Eppingen

Eltern

Josef Geismar verheiratet mit	*Clara Regensburger*
* 16. Oktober 1828 in Sinsheim	* 20.4.1844 in Eppingen
+ 22. Januar 1900 in Mannheim	+ 16.7.1911 in Mannheim

Geschwister

Leopold G.	Sofie G.	... G.	Jakob G.	Dr. Friedrich G.	Dr. Johanna G.
*1863	*05/1865	*09/1867	*11.11.1868	*11.02.1873	*07.12.1877
Konstanz	Konstanz	Konstanz	Mannheim	Mannheim	Mannheim
+ 29.07.1918	+ ?	+ ?	+ 1.3.1944	+ 1940	+ 1942
Mannheim			Theresienstadt	Saig (Selbstmord)	Auschwitz
verheiratet mit			verheiratet mit		

Anna Geissmar geb. Hirsch	*Elisabeth Geissmar* geb. Hirsch
* 1868 in Mannheim	* 13.02.1880 in Mannheim
+ 1954 in London	+ 1944 in Auschwitz

[132] Durch Josef Geismar Namensänderung in Geissmar.

Ihre Kinder
Berta Geissmar
* 1892 in Mannheim
+ 1949 in London

Hans Geissmar
* 1910 Mannheim
+ 1926 Mannheim

Ihre Kinder
Martha Geissmar
* 30.04.1905 in Heidelberg
+ 1944 in Auschwitz

Else Geissmar
* 17.04.1908 in Heidelberg
verh. mit *Hans H. Bernstein*

Ihre Tochter
Ruth Geissmar
*1930 in München

(Zusammenstellung: Werner L. Frank)

*

Dr. Johanna Geissmar

Vorfahren in direkter Linie

Salomon (Schlomo) Geismar
* 1560 + 1594

Pinchas ben Schlomo Geismar
* 1590 + 1659 Breisach (?)

Jakob (Jekle*) Geismar*
* ? + 1690

Marx Mordechai Geismar
+ 1729 Ihringen (Mackenh.)

Miedel Braunschweig
* Lörrach
+ 1761 Ihringen a.K.
Jentel ?

Jakob Geismar
* 1690
+ vor 1765 Ihringen

Seligman Israel Geismar	*Magdalena (Madel)* Guenzburger
* 1720 Biesheim (")	* 1725 Breisach
+ 1779 Ihringen	+ 1805 Ihringen a.K.
	verh. 1748
Jakob Geismar	*Suessel Schwob*
* 1765 Ihringen	* 1769 Seppois le-Bas
+ 12.09.1821 Breisach	+ 29.05.1820
	verh. 1792 Altbreisach
R. David Jacob Geismar	*Jeanette (Jette)Falkenau*
* 1797 Breisach	* 27.7.1799 Fuerth
+ 22.12.1879 Alzey	+ 30.9.1861 Sinsheim
Joseph Geismar	*Clara Regensburger*
* 16.10.1828 Sinsheim	* 20.4.1844 Eppingen
+ 22.01.1900 Mannheim	+ 16.7.1911 Mannheim
	verh. 01.05.1862

Johanna Geissmar
* 07.12.1877
Mannheim
+ 1942 Auschwitz

(Zusammenstellung: Werner L. Frank)

Johanna Geissmar an der Universität Heidelberg

Eintrag auf dem Anmeldeformular für den Studienbeginn an der "Großherzoglichen Badischen Universität Heidelberg" 1909:

Zuname und Vorname:	Geißmar, Johanna
Geburtstag- und Geburtsjahr:	7. Dezember 1877
Geburtsort und -land:	Mannheim, Baden
Staatsangehörigkeit:	Baden
Studium:	Medizin
Vorname, Zuname, Stand und Wohnort der Mutter:	Klara Geißmar, Ww., Mannheim, Lachnerstraße 7
Religion:	israelitisch.

Das Abitur legte Johanna Geissmar am humanistischen "Gymnasium Hohenbaden" in Baden-Baden ab.

Krankenbaracke im Camp de Gurs 1941, links stehend Dr. Julius Strauss (1875-1942), Kinderarzt; In: Oberrat der Israeliten Badens, Jüdische Gemeinde Mannheim, Stadtarchiv Mannheim (Hg.), Jüdisches Gemeindezentrum Mannheim F3. Mannheim 1987, S.86.

Ausgewählte Literatur

M. Ahlfeld-Heymann, Und trotzdem überlebt - Ein jüdisches Schicksal aus Köln durch Frankreich nach Israel 1905-1955. Konstanz 1994. ISBN 3-89191-730-9

Archivdirektion Stuttgart (Hg.), Dokumente über die Verfolgung der jüdischen Bürger in Baden-Württemberg durch das nationalsozialistische Regime 1933-1945. II. Teil, bearb. v. P. Sauer, Stuttgart 1966.

Archivdirektion Stuttgart (Hg.), Die Opfer der nationalsozialistischen Judenverfolgung in Baden-Württemberg 1933-1945. Ein Gedenkbuch. Stuttgart 1969.

E.R. Behrend-Rosenfeld, Ich stand nicht allein. Erlebnisse einer Jüdin in Deutschland 1933-1944. (1949) Köln u. Frankfurt 1979.

L. Bernhard-Ithai, Erinnerung verpflichtet - Von Berlin über Brüssel nach Lyon in die Schweiz und durch Gurs nach Auschwitz. Jüdische Schicksale 1933-1945. Konstanz 1999. ISBN 3-89649-372-8

E. Bloch, Zur Geschichte der Juden von Konstanz im 19. Und 20. Jahrhundert. Eine Dokumentation. Konstanz 1971.

H. Boberach (Hg.), Meldungen aus dem Reich. Die geheimen Lagerberichte des Sicherheitsdienstes der SS 1938-1945. Bd. 5, Nr. 102 vom 4. Juli 1940 - Nr. 141 vom 14. November 1940. Herrsching 1984.

Friedel Bohny-Reiter, Camp de Rivesaltes. Tagebuch einer Schweizer Schwester im französischen Internierungslager Rivesaltes 1941-1942. 2010. ISBN 978-3-86628-291-9.

Th. Bullinger u. P. Kristensen (Hg.), Gurs. En interneringslejr i Sydfrankrig 1939-1942. (Ausstellungskatalog) Skovgaard Museets Forlag 1989.

D. Czech, Kalendarium der Ereignisse im Konzentrationslager Auschwitz-Birkenau 1939-1945. Reinbek 1989.

Deutschland-Berichte der Sozialdemokratischen Partei Deutschlands (Sopade). Siebter Jahrgang 1940. Salzhausen u. Frankfurt 7 1989.

Louis Dreyfuss, Untergetaucht und überlebt. Aus Breisach am Rhein mit der Fremdenlegion in Nordafrika und nach traurigem Wiedersehen in Gurs als Kleinbauer in Frankreich überlebt nach Breisach zurückgekehrt 1933–1945. 2010. ISBN 978-3-86628-334-3

L. Feuchtwanger, Der Teufel in Frankreich. Ein Erlebnisbericht. Frankfurt 1987.

D. Freudenberg-Hübner u. E.R. Wiehn (Hg.), Abgeschoben - Jüdische Schicksale aus Freiburg 1940-1942. Briefe der Geschwister Liefmann aus Gurs und Morlaas an Adolf Freudenberg in Genf. Konstanz 1993. (Vergriffen)

M. Gilzmer, Fraueninternierungslager in Südfrankreich. Rieucros und Brens 1939-1944. Berlin 1994.

J. Hahn, Erinnerungen und Zeugnisse jüdischer Geschichte in Baden-Württemberg. Stuttgart 1988.

F. Hundsnurscher u. G. Taddey, Die jüdischen Gemeinden in Baden (Hg. v. Archivdirektion Stuttgart). Stuttgart 1968.

G. Isolani, Briefe, Gespräche, Begegnungen. Köln 1988, S. 177ff.

E. Jäckel, Frankreich in Hitlers Europa. Stuttgart 1966.

E. Jäckel, Hitlers Weltanschauung. Entwurf einer Herrschaft. Stuttgart 1981, 3 1986.

S. Klarsfeld, Le Memorial de la Deportation des Juifs de France. Paris 1978.

S. Klarsfeld, Vichy-Auschwitz. Die Zusammenarbeit der deutschen und französischen Behörden bei der 'Endlösung der Judenfrage' in Frankreich. Nördlingen 1989.

H. Krausnick, "Judenverfolgung." In: M. Broszat et al., Anatomie des SS-Staates (1964/1967), Bd. 2, München 1982, S. 233-365.

M. Krehbiehl-Darmstädter, Briefe aus Gurs und Limonest 1940-1943. Ausgewählt, erläutert und herausgeg. v. W. Schmitthenner. Heidelberg 1970.

C. Laharie, Le Camp de Gurs 1939-1945. Un aspect méconnu de l'histoire du Béarn. Pau/Biarritz 1985.

E.M. Landau u. S. Schmitt (Hg.), Lager in Frankreich. Überlebende und ihre Freunde. Zeugnisse der Emigration, Internierung und Deportation. Mannheim 1991.

Landesarchivverwaltung Rheinland-Pfalz in Verbindung mit dem Landesarchiv Saarbrücken (Hg.), Dokumentation zur Geschichte der jüdischen Bevölkerung in Rheinland-Pfalz und im Saarland von 1800 bis 1945. Band 6: Die nationalsozialistische Judenverfolgung in Rheinland-Pfalz 1933 bis 1945.- Das Schicksal der Juden im Saarland 1920 bis 1945. Koblenz 1974.

Landesarchivverwaltung Rheinland-Pfalz in Verbindung mit dem Landesarchiv Saarbrücken (Hg.), Dokumentation zur Geschichte der jüdischen Bevölkerung in Rheinland-Pfalz und im Saarland von 1800 bis 1945. Band 7: Dokumente des Gedenkens. Koblenz 1974.

N.P. Levinson, "'So - wie Du!' Gedanken zu Gurs." In: Mitteilungsblatt des Oberrates der Israeliten Badens, Nr. 6, Karlsruhe 1972.

N.P. Levinson, "Gedenkrede im KZ-Außenlager in Noé bei Toulouse." In: N.P. Levinson, Dem Andenken der Gerechten. Nachrufe. München 1988, S. 109f.

K. Liedke (Hg.), Vier Tage im November. Hamburg 1990.

M. u. E. Liefmann, Helle Lichter auf dunklem Grund. - Die 'Abschiebung' aus Freiburg nach Gurs 1940-1942 (Reprint). Mit Erinnerungen an Professor Dr. Robert Liefmann sowie weiteren Beiträgen und Dokumenten. (1966) Konstanz 1995. ISBN 3-89191-815-1

P. Longerich (Hg.), Die Ermordung der europäischen Juden. Eine umfassende Dokumentation des Holocaust 1941-1945. München 1989.

M. Ludwig, Aus dem Tagebuch des Hans O. Dokumente und Berichte über die Deportation und den Untergang der Heidelberger Juden. Heidelberg 1965.

H.-D. Mebes, "Das Pyrenäenlager Gurs im Blickfeld der R.A.F. - Neue Fotobelege zur badischen Gedenkstättenkunde." In: Badische Heimat, Heft 1, Karlsruhe, März 2001, S. 123 - 134.

G. Mittag (Hg.), Gurs - Deutsche Emigrantinnen im französischen Exil. Berlin 1990.

W. Nachmann, "Ansprache des Vorsitzenden des Zentralrates der Juden in Deutschland und des Oberrates der Israeliten Badens, am 14. Mai 1972, aus Anlaß der Einweihung der Gedenkhalle auf dem Deportiertenfriedhof in Gurs." In: Mitteilungsblatt des Oberrates der Israeliten Badens, Nr. 6, Karlsruhe 1972, S. 2.

Dr. Eugen Neter zum achtzigsten Geburtstag, Degania A/Israel 1956.

Oberrat der Israeliten Badens (Hg.), Sie sind nicht vergessen. Bericht über die letzten Ruhestätten der am 22. Oktober 1940 nach Südfrankreich deportierten badischen Juden. Karlsruhe 1958.

Oberrat der Israeliten Badens (Hg.), Begleitbuch zur Ausstellung 'Juden in Baden 1809-1984. 175 Jahre Oberrat der Israeliten Badens.' Karlsruhe 1984.

Oberrat der Israeliten Badens, Jüdische Gemeinde Mannheim, Stadtarchiv Mannheim (Hg.), Jüdisches Gemeindezentrum Mannheim F3. Festschrift zur Einweihung am 13. September 1987, 19. Ellul 5747 (Sonderveröffentlichung des Stadtarchivs Mannheim Nr. 17). Mannheim 1987.

F. Ottenheimer, Wie hat das geschehen können - Von Konstanz in die USA durch den Krieg und zurück. Jüdische Schicksale 1925-1996. Konstanz 1996**. ISBN 978-3-89649-006-3**

M. Paldiel, Es gab auch Gerechte - Retter und Rettung jüdischen Lebens im deutschbesetzten Europa 1939 - 1945. Konstanz 1999. ISBN 3-89649-412-0

B. Pimpl u. E.R. Wiehn (Hg.), Was für eine Welt - Jüdische Kindheit und Jugend in Europa 1933-1945. Ein Lesebuch. Konstanz 1995. ISBN 3-89191-816-X

G. Reitlinger, Die Endlösung (1953/1956) München 1964.

M. Ruch, Aus der Heimat verjagt - Zur Geschichte der Familie Neu. Jüdische Schicksale aus Offenburg und Südbaden 1923-1998. Konstanz 1998. ISBN 3-89649-284-5

P. Sauer, Dokumente über die Verfolgung der jüdischen Bürger in Baden-Württemberg durch das nationalsozialistische Regime 1933-1945. Hg. v. d. Archivdirektion Stuttgart. 2 Bände. Stuttgart 1966.

P. Sauer, Die Schicksale der jüdischen Bürger Baden-Württembergs während der nationalsozialistischen Verfolgungszeit 1933-1945 (Hg. v. Archivdirektion Stuttgart). Stuttgart 1968.

E. Scagnet, "Der Engel von Gurs." In: Neue Zürcher Zeitung, Fernausgabe Nr. 7, 11.1.1992, S. 33-35.

H. Schramm, Menschen in Gurs. Erinnerungen an ein französisches Internierungslager (1940-1941) und ein dokumentarischer Beitrag zur französischen Emigrantenpolitik (1933-1944) von Barbara Vormeier. Worms 1977.

H. Schramm u. B. Vormeier, Vivre à Gurs. Un camp de concentration français 1940-1941. Paris 1979.

J. Scott, Nie wieder in Deutschland leben - Von Gelsenkirchen, Gera und Fürth durch Belgien, Frankreich, Spanien mit der britischen Armee nach Deutschland zurück. Konstanz 1998. ISBN 3-89649-343-4

Stadtarchiv Mannheim (Hg.), Die Judenverfolgung in Mannheim 1933-1045. Bearb. V. H.J. Fliedner, 2 Bde., Stuttgart 1971.

G. Taddey, "Die Zeit der Verfolgung 1933-1945." In: Oberrat der Israeliten Badens (Hg.), Juden in Baden 1809-1984. 175 Jahre Oberrat der Israeliten Badens. Karlsruhe 1984, S. 57-69.

J. Toury, "Die Entstehungsgeschichte des Austreibungsbefehls gegen die Juden der Saarpfalz und Badens (22./23. Oktober 1940 - Camp de Gurs)." In: Jahrbuch des Instituts für Deutsche Geschichte. Beiheft X, Tel Aviv University 1986, S. 431-464.

W. Vogelsinger, Nicht verloren gegangen. Mannheim 1988.

B. Vormeier, "Von Deutschland über Gurs nach Auschwitz. Die Verschleppung deutscher Juden nach Südfrankreich vor 40 Jahren." In: Frankfurter Allgemeine Zeitung, Nr. 246, 22. Oktober 1980, S. 8.

B. Vormeier, Die Deportierungen deutscher und österreichischer Juden aus Frankreich. Paris 1980a.

A. Weckbecker, Die Judenverfolgung in Heidelberg 1933-1945. Heidelberg 1985.

B. Wenke, Interviews mit Überlebenden. Verfolgung und Widerstand in Südwestdeutschland. Stuttgart 1980.

E.R. Wiehn, Zum Reichspogrom 1938. Die Ereignisse in Konstanz 70 Jahre danach zum Gedenken. Konstanz 1. Aufl. 2008. 156 Seiten, ISBN 3-86628-165-X

E.R. Wiehn (Hg.), Oktoberdeportation 1940 - Die sogenannte 'Abschiebung' der badischen und saarpfälzischen Juden in das französische Internierungslager Gurs und andere Vorstationen von Auschwitz 50 Jahre danach zum Gedenken. Konstanz 1990. 1016 Seiten, ISBN 3-89191-332-X

E.R. Wiehn, Schriften zur Schoáh und Judaica. 1992. 598 Seiten, ISBN 3-89191-536-5

M. Wildmann u. E.R. Wiehn (Hg.), Und flehentlich gesegnet - Briefe der Familie Wildmann aus Rivesaltes und Perpignan. Jüdische Schicksale aus Philippsburg 1941-1943. Konstanz 1997. ISBN 3-89649-067-2

Richard Zahlten

geb. 1928 in Breddenberg/Emsland, 1953-1963 Priester der Diözese Osnabrück. Nach der Laisierung Religions- und Geschichtslehrer am Bischöflichen Schulzentrum Essen-Stoppenberg und von 1979-1989 am Fürstenberg-Gymnasium in Donaueschingen. - Verheiratet mit der international tätigen Opernsängerin Maria Hall. Veröffentlichungen zum Verhalten der katholischen Priester während der NS-Zeit.

Margot Wicki-Schwarzschild

geb. 1931 in Kaiserslautern/Pfalz. 22. Oktober 1940 Deportation mit Eltern nach Gurs, dann Rivesaltes. Vater kommt in Auschwitz um. Überlebt durch Hilfe des Schweizer Roten Kreuzes. Aufenthalt in Heimen des SRK in Frankreich. Rückkehr nach Deutschland mit Mutter und Schwester 1946. Berufsausbildung: Dolmetscherin/Übersetzerin. Lebt seit 1954 in der Schweiz. Heirat 1955. Vier erwachsene Kinder und fünf Enkelkinder. In freiberuflicher Sozialarbeit tätig.

Dr. Dres. h.c. Erhard Roy Wiehn, M.A.

Professor im Fachbereich Geschichte und Soziologie der Universität Konstanz, Honorarprofessor der Universität Iaşi/Rumänien; Veröffentlichungen vor allem zur Schoáh und Judaica.